TCG TANABE CONSULTING

コーポレートファイナンス戦略

中堅企業が実装すべき財務戦略

タナベコンサルティンググループ
コーポレートファイナンス
コンサルティング事業部
福元章士 著
戦略総合研究所 監修

ダイヤモンド社

はじめに

企業価値を上げるためには、いわゆる三大経営資源とされている「ヒト・モノ・カネ」の競争優位性を高める必要がある。このうち、ほとんどの経営者にとって最も関心があるものは〝カネ〟であろう。

ただ、ヒト（人材）やモノ（商品）に比べて、カネ（資金）の競争優位性はわかりにくいというのが正直なところではないだろうか。金融機関ではない一般企業が、お金の使い方について顧客から評価されることはない。同業他社より借り入れ金利が低かったり、資金調達の手段を多く持っていたり、預貯金額が潤沢だったりしても、それだけで自社の市場シェアが決まるわけではない。カネの競争力を高めようといわれてもピンとこないのがおおかたの感想だろう。そのため「カネの稼ぎ方」に関心が向き、企業価値を高めるための経営資源として生きたカネをどのように運用していくか、という視点を欠いた経営者は少なくない。

とはいえ、やはり他社との差別化を実現するにはカネが不可欠なのも確かである。そもそもヒトやモノは投資を続けなければ同業他社との競争に勝てない。また、そろばん勘定がうまくないと無駄な費用ばかり出続けて一向に儲《もう》からないし、たとえ安定して黒字決算を続けていても運転資金が必要なタイミングに入金されないと企業は倒産する。運転資金の調達と運用、経費削減と予算管理、戦略投資と利益配分など、カネをいかに効率的に運用するかが命綱だ。

資金調達、成長投資、予算管理、組織再編なども含めて、カネという経営資源を駆使して企業価値向上と持続的成長を図る一連の活動を、「コーポレートファイナンス」という。「ファイナンス」という言葉からは〝金融〟や〝会計〟を思い起こしやすいが、現在は企業の財務資本の最適活用に関するあらゆる分野を包含する、幅広い概念として捉えられている。

企業は、投資家（個人、金融機関）から調達したカネをヒトとモノに投資し、顧客（消費者、法人）を相手に運用して収益を得、投資家に分配（返済、配当）する。一方、投資家は、企業への資金提供を通じて間接的に地域や社会へ貢献（課題解決）を果たしていく。

また、近年は多くの経営者の関心事である「事業承継」においても、重要な役割を果たすことが期待されている。現在、日本の企業数は総人口と同様に年々減り続け、二〇〇一年の四七〇万社から二〇二一年には三三八万社と、二〇年間で一三二万社が減少した（中小企業庁調べ）。一年で平均七万社近くが消えている計算になる。経済的要因（デフレ不況、リーマン・ショック）や自然災害（東日本大震災、新型コロナウイルス感染症）も背景にあるが、最大の要因は後継者難と経営者の高齢化による廃業・倒産だ。「経営者の寿命＝会社の寿命」となり、優れた技術やノウハウが未来へ引き継がれずに消滅しているのである。これは日本の大きな損失といわざるを得ない。

他方、従来の事業承継はオーナー経営者の個人事情（親族承継や節税など）が優先され、いかにしてトラブルなくバトン（資本）を次走者（後継者）へ手渡すかが重視されてきた。要は、創業をスタートとすれば事業承継はゴールだ、と考えている経営者がほとんどである。しかし、ステークホルダー（社員、取引先、顧客、地域社会など）にとって、企業に目指してほしいゴールはあくまで経営理念の実現であり、事業承継はその中継地点にすぎない。後継者に事業を託して終わり、ではないのだ。事業承継問題といえば「後継者不足」に目が向きがちだが、実際には後継者を確保した後のほうが問題は山積している。事業承継に成功して「事業存続」に失敗するケースもまた多いのである。

企業というものは、調達・投資・運用というファイナンスプロセスと、製造・流通・販売というバリューチェーンを、収益・分配・貢献というサステナブルサイクルでつなぎ、未来に向けて回し続けることによって、企業価値向上と持続的成長の両立が実現するとタナベコンサルティンググループ（ＴＣＧ）は考えている。

本書は、日本企業が抱える経営課題（資本効率と収益性の低さ）を概観したうえで、未来へ向けて持続的に企業価値を向上するための仕組みとしてコーポレートファイナンスを位置付け、財務会計のみならず、ホールディング体制、グループ経営、ＩＰＯ（株式新規上場）、ＭＢＯ（経営陣による自社買収）、Ｍ＆Ａ（企業の合併・統合）への取り組みなど、組織論から人材育成、事業承継に至るまで多岐にわたって必要なアプローチを読者の方々に提示するというのが狙いである。

中小企業から中堅企業、中堅企業から大企業へと成長を願う多くの経営者にとって、本書がその企業価値向上と持続的成長を実現する一助となれば幸いである。

タナベコンサルティング 上席執行役員　福元章士

二〇二四年一一月

コーポレートファイナンス戦略◎目次

はじめに――001

第1章 企業価値向上のための未来指標

第2章

企業価値を向上させる決め手

CONTENTS

第3章 持続的成長へと導く組織構造

CONTENTS

第4章

組織を円滑に機能させるグループ経営

CONTENTS

第5章

次代へ経営をつなぐ資本政策

CONTENTS

第1章 企業価値向上のための未来指標

1 企業を取り巻く経営課題

(1) 資本効率が低い日本企業

仮に、あなたはファンドマネジャーだとしよう。有望な投資先を探しているとき、リストのなかに現在あなたが経営（勤務）している会社があった。さて、第三者的に見て、あなたは投資したいと考えるだろうか。おそらく、それよりもＳ＆Ｐ５００やダウ工業株30種平均、ナスダック１００などの構成銘柄に投資するほうを選ぶ人が多いのではないだろうか。なぜなら、一般的に日本企業の株式リターン（配当金・売却益）の水準は、欧米企業に比べて低いからである。

ファンドマネジャーの責務は、顧客から預かった資金を元手に株式や債券を売買し、運用実績から得た利益を高配当という形で顧客に還元することだ。欧米企業の株式は株価下落や為替変動のリスクがあるものの、長期的には高いリターンが見込める。実際、二〇二四年に始まった新ＮＩＳＡ《ニーサ》（少額投資非課税制度）でも、新規口座開設者の多くは日本株よりも米国株や世

図表 1-1　ROE と PBR の海外比較

〈ROE〉

	日本（TOPIX500）	米国（S&P500）	欧州（STOXX600）
ROE8% 未満	40%	14%	19%
ROE8% 以上	60%	86%	81%

〈PBR〉

	日本（TOPIX500）	米国（S&P500）	欧州（STOXX600）
PBR 1 倍割れ	43%	5%	24%
PBR 1 倍以上	57%	89%	75%

出所：東京証券取引所上場部「市場区分の見直しに関するフォローアップ会議 第 1 回事務局説明資料」（2022 年 7 月 29 日）をもとにタナベコンサルティング作成

界株の投資信託を軸に購入していると伝えられており、家計部門のキャピタルフライト（資金の国外流出）が危惧されるほどである。

なぜ、日本企業のリターンは低いのか。理由ははっきりしている。リターンの源泉である事業の収益力が、欧米企業よりも弱いからにほかならない。つまり、株主や金融機関から調達した資金を、効果的・効率的に利益創出へとつなげていない（＝稼げていない）のである。

東京証券取引所の公表資料によると、日米欧における主要株価指数の構成企業のうち、ROE（自己資本利益率）が八パーセント未満の割合は米国企業（S&P500）一四パーセント、欧州企業（STOXX600）一九パーセントに対し、日本企業（TOPI

X500）は四〇パーセントに上る【図表1-1】。また、ROIC（投下資本利益率）が五パーセント未満の割合も、米国二一パーセント、欧州三〇パーセントに対して、日本は四三パーセントと多い。これらを見ても、日本企業の経営課題が「資本効率の低さ」にあることは明らかである。資本効率が低いままだと、いくらヒット商品や画期的な技術を開発したとしても持続的な企業価値向上は難しい。そのため経済産業省が二〇一四年に公表した「伊藤レポート」では、日本企業は〝資本効率革命の実現〟に向け最低限、ROE八パーセント以上の達成をコミットすべきだと提言している。

ちなみに、株式時価総額が会計上の純資産の何倍かを示すPBR（株価純資産倍率）を日米欧の上場企業で比較すると（二〇二二年七月一日時点）、一倍を下回る企業の割合が日本（TOPIX500）は四三パーセントに達していた。それに対し米国（S&P500）は五パーセント、欧州（STOXX600）でも二四パーセントにすぎない。一般的にPBRが一倍未満だと、資産価値が解散価値（企業の解散・倒産時に総資産から負債を支払った後に残る資産）を下回る状況と判断され、上場を維持することよりも会社を解散して残余財産を分配したほうが、株主にとっては有利であることを意味する。要するに、日本の上場企業の半分弱は「清算したほうがまだまし」というのが市場の評価なのである。

なぜ、日本企業は欧米企業に比べて資本効率が見劣りするのか。経営環境の変化に対するリ

図表1-2 中期経営計画の指標（企業）／経営目標として重視すべき指標（投資家）※一部抜粋

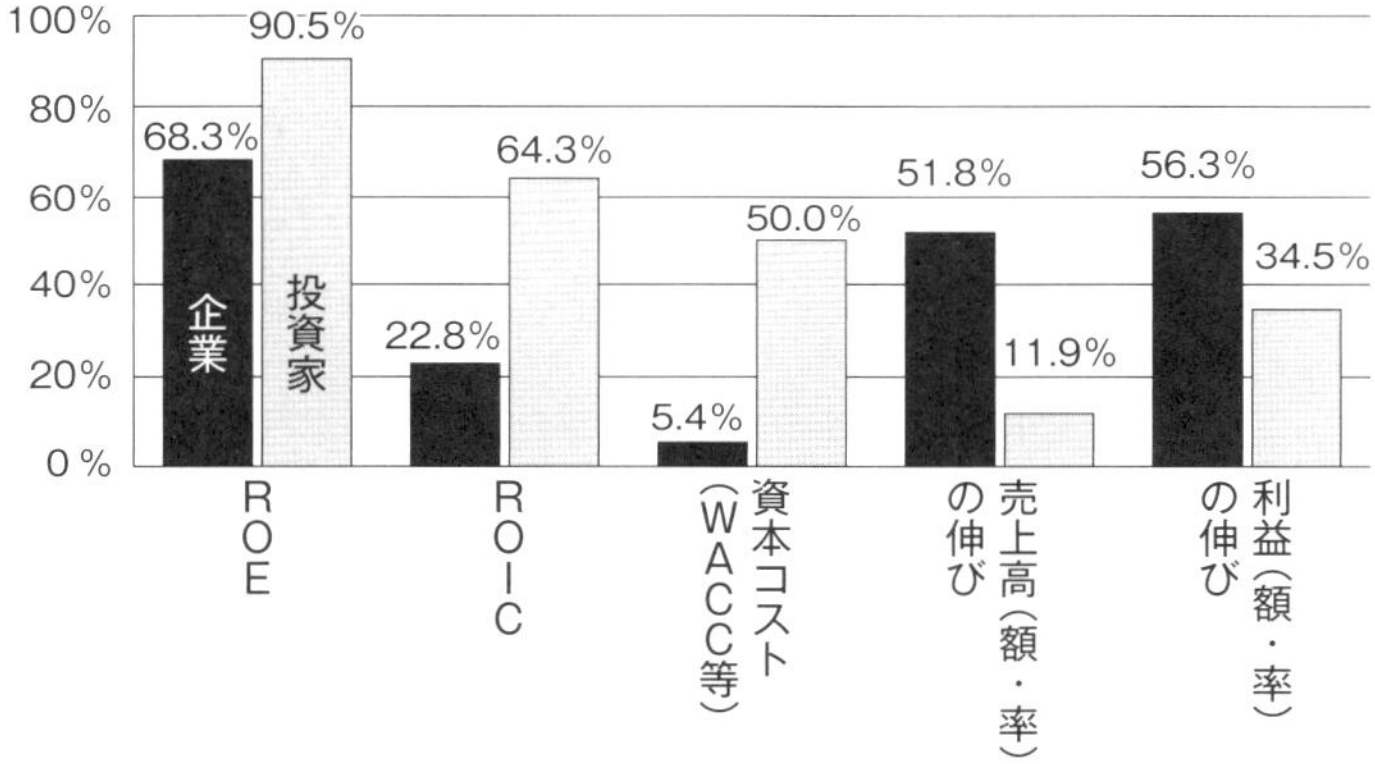

出所：生命保険協会「企業価値向上に向けた取り組みに関するアンケート集計結果（2023年度版）」（2024年4月19日）をもとにタナベコンサルティング作成

スクヘッジのため、設備投資と人的投資を控えて内部留保を積み上げてきたことが一因とみられているが、日本企業はそもそも、資本効率を上げる意識が全体的に低いという問題もある。生命保険協会が企業と投資家を対象に実施した調査結果によると、企業の中期経営計画で重視すべき経営指標としてROICを挙げた投資家は約六割を占めたが、ROICを中計のKPI（重要業績評価指標）として公表している企業は約二割にとどまった【図表1-2】。また資本コスト（借入金など負債の支払利息や株主への配当など資本調達に伴うコスト）について、投資家の半数が重視しているのに対し、指標を公表している企業は一割に満たない。一方、多くの企業が重視する売上高や利益の伸びに対しては、投資家はさほど興味を示しておらず、両者の間で意識のギャップが大きい。

いずれにせよ、投下資本から得た収益が資本コストを下回る企業は、投資家から「株を買うくらいなら、現金のまま持っていたほうが得」と見なされる時代に入ったのである。資本コストを上回る収益をいかに確保していくかが、現在の日本企業の重要な経営課題となっている。

(2)日本経済のカギを握る中堅企業

かつてピーター・ドラッカーは「経済成長の活力は、巨大企業から中堅企業へと移行しつつある」と看破した（『チェンジ・リーダーの条件』ダイヤモンド社）。その通り今、日本でも中堅企業の経済成長における寄与度の高さが注目されている。

政府は二〇二四年、従業員数が三〇〇人超～二〇〇〇人以下の企業を新たに「中堅企業」として定義し【図表1-3】、その成長支援強化を盛り込んだ「改正産業競争力強化法」を成立させた。実はそれまで大企業や中小企業の定義はあったが、〝中堅企業〟という定義は公的に存在しなかったのである。

中堅企業は過去一〇年間（二〇一二～二二年度）での売上高、設備投資、人材育成投資、雇用の伸びが中小企業や大企業を上回っており【図表1-4】、地域振興のけん引役や新陳代謝の受け皿になるなど日本経済の成長に最も貢献している存在である。ただし、過去一〇年間で

図表 1-3 「中堅企業」の定義

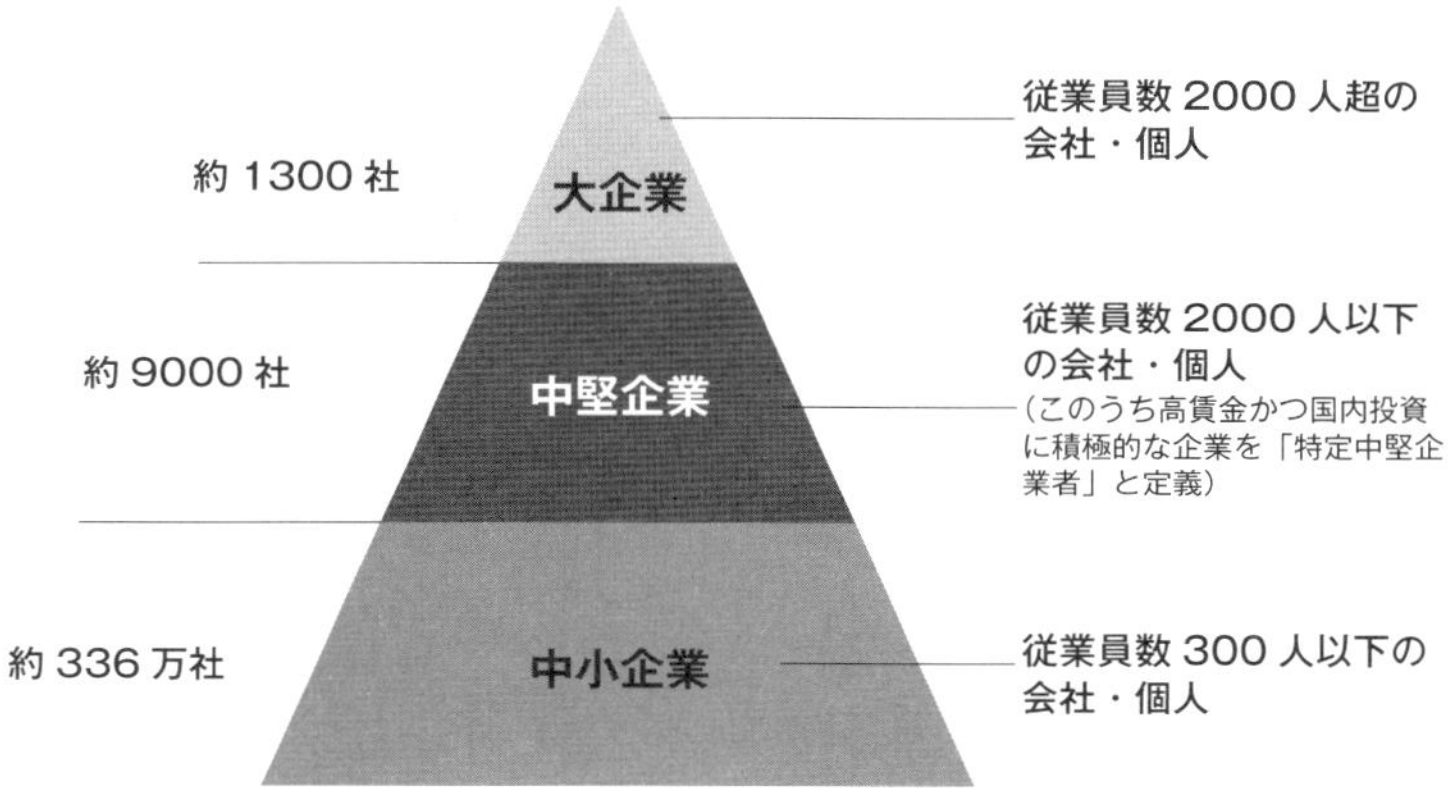

出所：内閣官房・中堅企業等の成長促進に関するワーキンググループ資料「中堅企業成長促進パッケージ」（2024 年 3 月 13 日）をもとにタナベコンサルティング加工・作成

図表 1-4 企業規模別・10 年間（2012 ～ 22 年度）の伸び額・率（カッコ内は 10 年前比、▲はマイナス）

	中小企業	中堅企業	大企業
国内売上高（単体）	＋ 14.7 兆円（12.9% 増）	＋ 18.9 兆円（10.7% 増）	＋ 3.9 兆円（1.4% 増）
国内設備投資	＋ 1.3 兆円（56.8% 増）	＋ 1.5 兆円（37.5%増）	＋ 0.7 兆円（7.3% 増）
人材教育投資	＋ 60 億円（26.8% 増）	＋ 130 億円（31.2%増）	▲ 202 億円（17.6% 減）
従業者数	＋ 46.4 万人（15.1%増）	＋ 52.3 万人（17.1%増）	＋ 50.4 万人（9.6% 増）
給与総額	＋ 2.4 兆円（20.1%増）	＋ 2.5 兆円（18.0%増）	＋ 2.8 兆円（12.3% 増）

出所：内閣官房「第 7 回中堅企業等の成長促進に関するワーキンググループ」（2024 年 3 月 13 日）／経済産業省提出資料「成長力が高く地域経済を牽引する中堅企業の成長を促進する政策について」をもとにタナベコンサルティング加工・作成

図表 1-5　過去 10 年間で中堅企業から大企業に成長した企業の割合（従業員数）

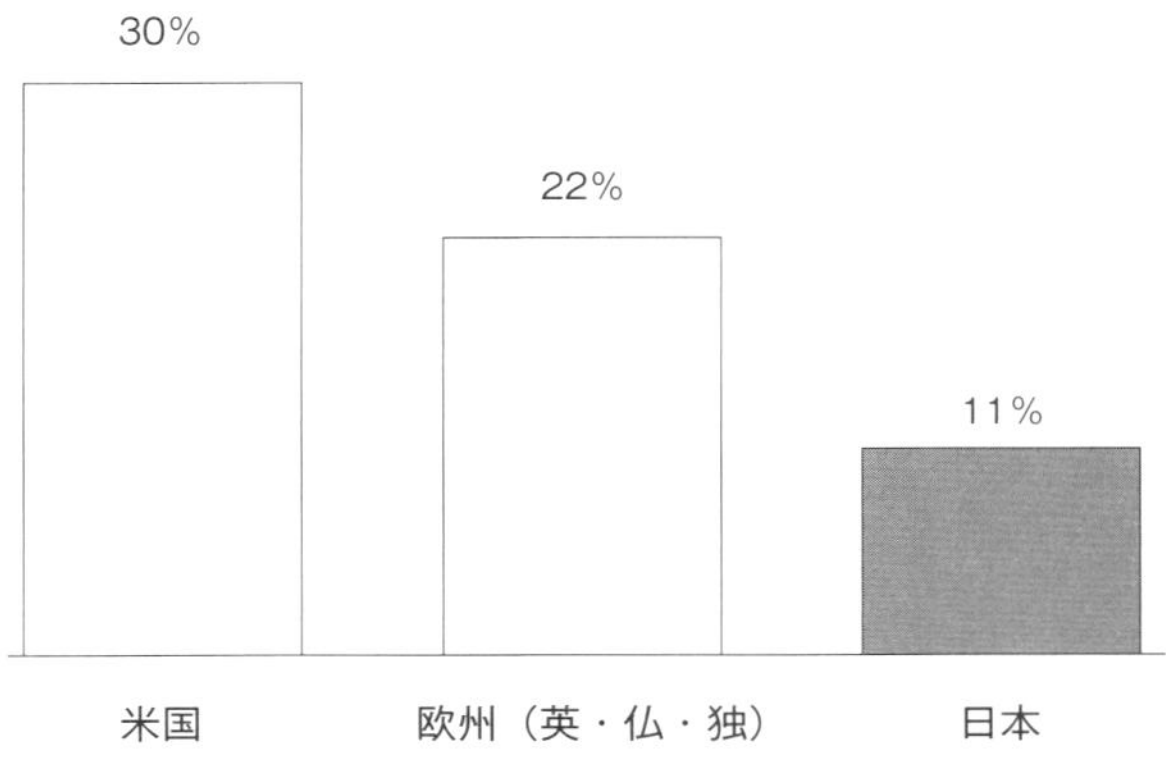

出所：内閣官房「第７回中堅企業等の成長促進に関するワーキンググループ」（2024 年３月 13 日）／経済産業省提出資料「成長力が高く地域経済を牽引する中堅企業の成長を促進する政策について」

中堅企業から大企業へと成長（従業員数ベース）した割合を見ると、日本は欧米に比べて際立って低い【図表１-５】。つまり、日本の中堅企業は国内経済をけん引する力を持ちながら、成長投資（人的資本、設備導入、グループ化など）が不十分であるがゆえに大企業への壁を突破できていないとみることができる。

そこで政府は二〇二四年を「中堅企業元年」と位置付け、その成長を後押しするため設備投資やＭ＆Ａ、賃上げなどに対して補助金や税制優遇措置を講じていくという。

中堅企業は中小企業から成長したわけだから、もう中小企業ではない。さりとて、大企業でもない。外形上の売上高と従業員数が伸びてはいるが、内情（仕事のやり方やお金の管理など）は中小企業の頃と変わっておらず、中堅企業へと伸びる過程の問題点を未解決のまま、勢いに任せて成長しているケースが多い。それだけに、中小企業の弱点（大企業よりも知名度と資本力で劣り、離職率が高い）と大企業の欠点（中小企業よりも機動力と専門性で劣り、固定費が高い）とを併せ持つ中途半端な状態になりやすいのである。

東京商工リサーチの調べによると、二〇二三年時点では中小企業だったが、二〇二四年に中堅企業へ従業員規模を拡大させた企業は三九九社だった。逆に、中堅企業から中小企業へ規模を縮小させた企業も三二一社を数えた。一方、中堅企業から大企業に規模を拡大した企業は三〇社にとどまった。中小企業から中堅企業へと成長するのに比べ、中堅企業から大企業へ成長するのは難しく、〝成長の壁〟の突破口を探しあぐねているうちに中小企業へと脱落する企業が多いことを示している。また、経営不振に陥った中堅企業が中小企業向けの優遇措置を受けるため、安易な減資や人員削減など意図的に規模縮小を図るケースも散見され、そうした成長抑制の動きが日本企業の収益性を低迷させる一因にもなっている。

日本企業の収益性の低さは、十分なマージンを取れていないことが直接的な要因とみられるが、もう一つの要因として近年、「モノをいわない株主の多さ」も挙げられている。日本企業は同族経営や政策保有株（取引先との株式持ち合い）、政府・自治体の財政支援などもあり、欧米企業に比べて高収益を要求する一般株主や機関投資家からの圧力が相対的に弱いのである。

株主・投資家によるガバナンスが有効に働かないと、企業の収益性は低下しやすい。また日本企業は獲得した事業利益を、株主への分配や再投資に回すことよりも、リスクヘッジに向けて内部にため込んで手元流動性を厚くする傾向があり、それがさらに収益性を圧迫している。

いずれにしても、地域経済のけん引役である中堅企業の収益性をいかに高められるかが、ひいては日本経済の持続的成長の大きなカギとなる。

(3)企業価値向上と持続的成長

企業の持続的成長の実現という文脈において、「サステナビリティ経営」に取り組む企業が近年、目立って増えている。グローバル企業や上場大手企業などで先行しているが、中堅・中小企業でもブランディングやマーケティングといった観点で経営判断の重要なファクターとなっている。環境や社会に配慮した企業・商品を優先的に利用する「エシカル消費(倫理的消費)」の認知が進んでいることや、環境・社会の持続可能性に対する貢献を企業に要請する声が世界的に強まっていることなどが背景にある。

サステナビリティ経営とは、長期的視点で「環境・社会・経済」という三つの要素を両立させる形で事業を行い、持続可能な成長を実現することだ。具体的には、次の二つの価値を向上させる取り組みが必要である。一つ目は、成長分野へ投資することにより将来の収益とキャッ

図表 1-6 サステナビリティ経営

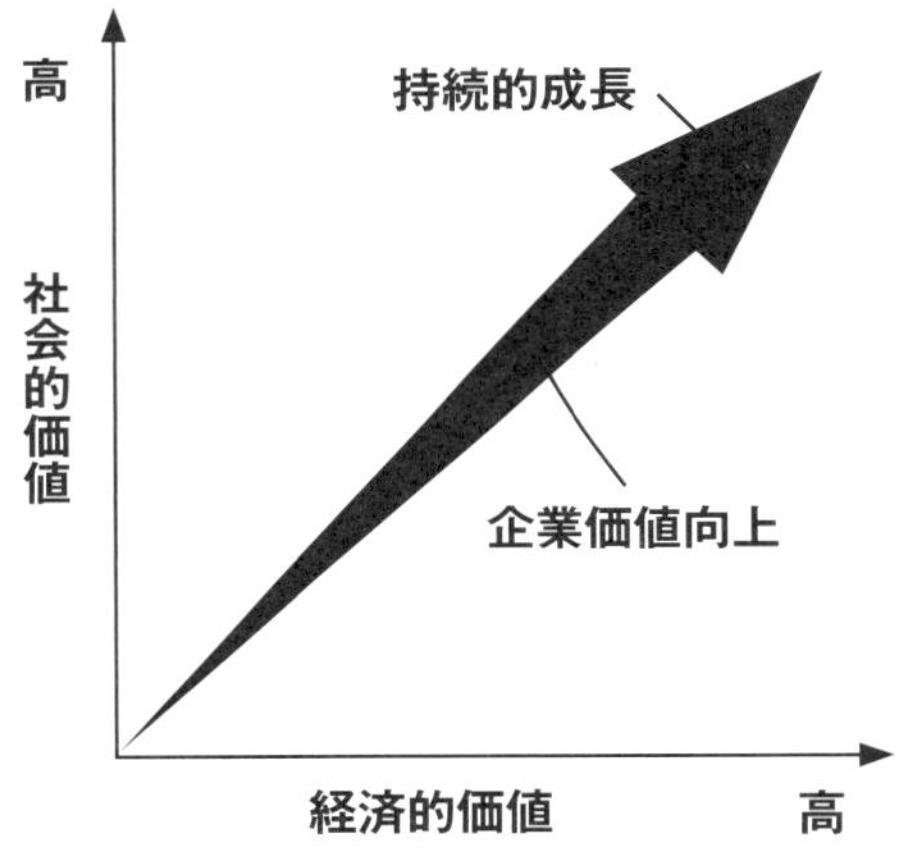

出所：タナベコンサルティング作成

シュフローを最大化させる「経済的価値（企業価値）の向上」。二つ目は、ＥＳＧやＳＤＧｓを前提に社会課題の解決へ貢献する「社会的価値の向上」である【図表１-６】。

ＥＳＧとは、個人・機関・外国人投資家や企業が、環境（Environment）・社会（Social）・ガバナンス（Governance）に配慮・注力する観点で投資先の選定やビジネスを行うことをいう。またＳＤＧｓ（Sustainable Development Goals＝持続可能な開発目標）は、二〇一五年の国連サミットで採択された国際目標で、持続可能な世界を実現するために設定された一七のゴール（目標）と一六九のターゲット（具体的な実施内容）で構成されている。達成期限は二〇三〇年である。

企業価値は経済的価値と社会的価値から成

るが、先行きの不透明な現代社会において、経済的価値だけでは企業価値が測りにくくなってきた。今後は社会的価値の定量化による総合的な企業価値向上の施策が必要になっている。

経済的価値と社会的価値の両方を創出することを、ハーバード大学経営大学院のマイケル・ポーター教授は「共通価値の創造」（CSV／Creating Shared Value）と呼ぶ。従来は「CSR」（Corporate Social Responsibility ＝企業の社会的責任）という言葉がよく使われていたが、CSRは経済性（利益）に結び付かない慈善事業や奉仕活動の側面が強く、会社の業績次第で短期的な取り組みで終わってしまう問題があった。つまりCSR活動が会社のイメージアップのためのパフォーマンスツールになっており、収益事業の延長線上にないため経営上の負担となり、社会貢献が長続きしないのである。

サステナビリティ経営については、グローバル企業のほとんどが本気で取り組んでいる。環境・社会問題への関心が非常に高い若年世代（ミレニアル世代・Z世代）が、世界の消費人口のマジョリティーを占めつつあるからである。すなわち、今後のニーズの根幹はサステナビリティであり、中長期的視点でその求めに応えなければ企業は稼げない。日本においても、上場企業の企業統治（コーポレートガバナンス）のガイドラインである「コーポレートガバナンス・コード」で、経営陣に対しサステナビリティやESGに関する取り組みの強化を求めており、中長期的な株式価値向上という観点で、サステナビリティ経営はビジネスモデルや経営戦略の次に重要なテーマであると考えられている。

日本におけるESG投資額は約五三七・六兆円（二〇二二年時点、日本サステナブル投資フォーラム調べ）に上り、拡大傾向が続く。ESG評価機関の存在感も増しており、その評価スコアが株価形成に大きな影響を及ぼしつつある。したがって、上場企業や海外進出企業（または進出検討企業）はサステナビリティ経営の重要性を肝に銘じておく必要がある。

もっとも、企業はゴーイングコンサーン（継続企業の前提）の下で活動する以上、それを担保する意味でも企業はサステナビリティ経営に取り組むことが望まれる。そして、企業価値向上と持続的成長のためには、資本コストを上回る利益やキャッシュフローを中長期的に創出する必要がある。その実現に必要な仕組みが、これから本書で述べていく「コーポレートファイナンス」なのである。

(4) コーポレートファイナンスの目的と意義

コーポレートファイナンスとは、企業の資金繰りや財務諸表の作成といった財務会計の機能だけでなく、グループ経営、ホールディングス化、ガバナンス、IPO（株式新規上場）、MBO（経営陣による自社買収）、M&A（企業の合併・統合）、事業再生、組織再編、事業承継、SDGsへの取り組みなど、多岐にわたる施策を展開する必要がある。

しかし、そもそもコーポレートファイナンスの目的とは何だろうか？　端的にいえば、「企業とさまざまなステークホルダーの良好な関係を通じて、企業価値向上や価値創造を実現していくこと」である。ファイナンスの主要な役割は資金調達や調達した資金の運用による事業成長を実現し、そして事業の成長によって生まれた収益を株主や債権者へ還元することである。

また、最近では企業と投資家との関係に焦点が当たることが多く、特に気候変動やＥＳＧを意識した事業投資、Ｍ＆Ａなどのファイナンスも重視されている。単なる会計管理ではなく、財務の視点から経営全体でどのように企業価値を向上させるかというアプローチが不可欠になっている。

コーポレートファイナンスにおけるテーマを外部環境やキーワードで整理すると**【図表1-7】**に集約される。

この循環する構図のなかで企業はどのような活動が必要なのか、という視点で考える必要がある。価値を創造して向上させていく主体は企業である。企業はヒト・モノ・カネ・情報・ブランド・技術・ノウハウといった経営資源を用いて事業戦略と経営戦略を実行し、社会に貢献することで価値を創造する。すなわち、企業の目的は自らの価値を上げ、社会貢献することである。

サステナビリティ経営を実践する企業は、優秀な人材を獲得し、働きやすい環境をつくり、

図表 1-7 コーポレートファイナンスの主要テーマ

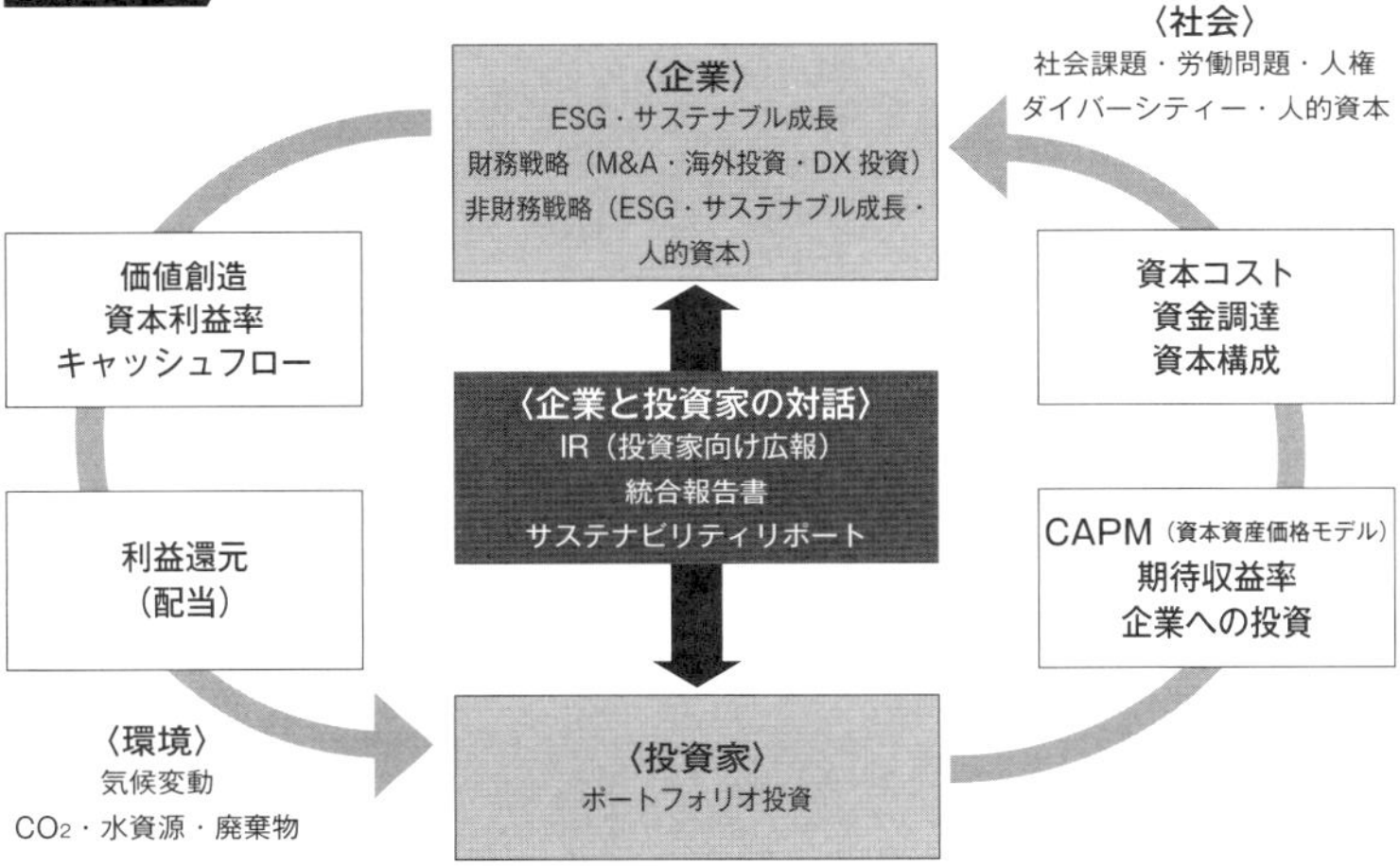

出所：タナベコンサルティング作成

社員のエンゲージメントを高めている。そして、非財務資本（従業員のスキルや経験、職場の知識・ノウハウ、天然資源や自然環境、製造設備・建物、地域コミュニティーや人的ネットワークなど）を財務的価値（＝金銭的価値）に結び付けるコーポレートガバナンスの体制を構築し、社会課題を解決して社会的価値に貢献することで企業価値を高めている。

このように、財務諸表には記載されない「非財務」と呼ばれる資本財の重要度が高まり、コーポレートファイナンスとの接点が非常に多くなった。今後、企業価値向上に向け、ますますコーポレートファイナンスの領域は広がるものとみられている。

前述したＰＢＲは企業価値を表す指標であるが、同時に自社の非財務資本が企業価値にどれだけ寄与しているかがわかる指標でもある。ＰＢＲは「時価総額÷純資産」で算出され、ちょうど一倍であれば、会計上の価値（純資産）と企業価値（時価総額）は同等であることを示す。さらに、一倍を超える場合、会計上の価値を企業価値が上回ることになり、その超過分が非財務資本による付加価値に相当する。逆に一倍未満の企業は非財務資本が市場で評価されておらず、収益性や成長性に課題があるといえる。

前述した通り、日本の上場企業の四割超がＰＢＲ一倍未満である。東京証券取引所が二〇二三年三月末にＰＢＲの低い上場企業へ改善要請を行ったことで話題となったが、日本を代表する大企業ですらいまだに一倍割れが続いているケースが多数存在する。したがって、日本企業のコーポレートファイナンス戦略においては、財務資本の有効活用もさることながら、非財務資本に継続投資を行い、最適活用することで企業価値向上と持続的成長を実現していくことが大きな課題である。

2 「財務価値分析」から見る経営実態

(1) 財務価値分析は「企業の健康診断」

コーポレートファイナンスは、直訳すると「企業財務」である。財務諸表に記載されない非財務資本の重要性が高まっているとはいえ、経済的価値を向上させるためには財務資本の価値向上が不可欠だ。

資本なくして事業なし。どんな事業を始めるにも、まずは資本が必要だ。資本を大規模に集める組織形態が株式会社である。事業計画書を作成し、株式を発行して資本を集め、雇用や設備に投資し、代金の回収に奔走して、得た利益を債権者や株主へ分配（償還・配当など）する。投下資本以上に回収できれば事業は一応の成功である。この循環を重ねることで企業の信用が担保され、経済的価値は最大化していく**【図表1-8】**。

この一連のサイクルが成立するためには、正確な事業結果を知る必要がある。したがって、公正な決算書（財務諸表）の作成が非常に重要となる。決算書は、いわば企業経営の「成績表」

図表1-8 財務資本サイクル

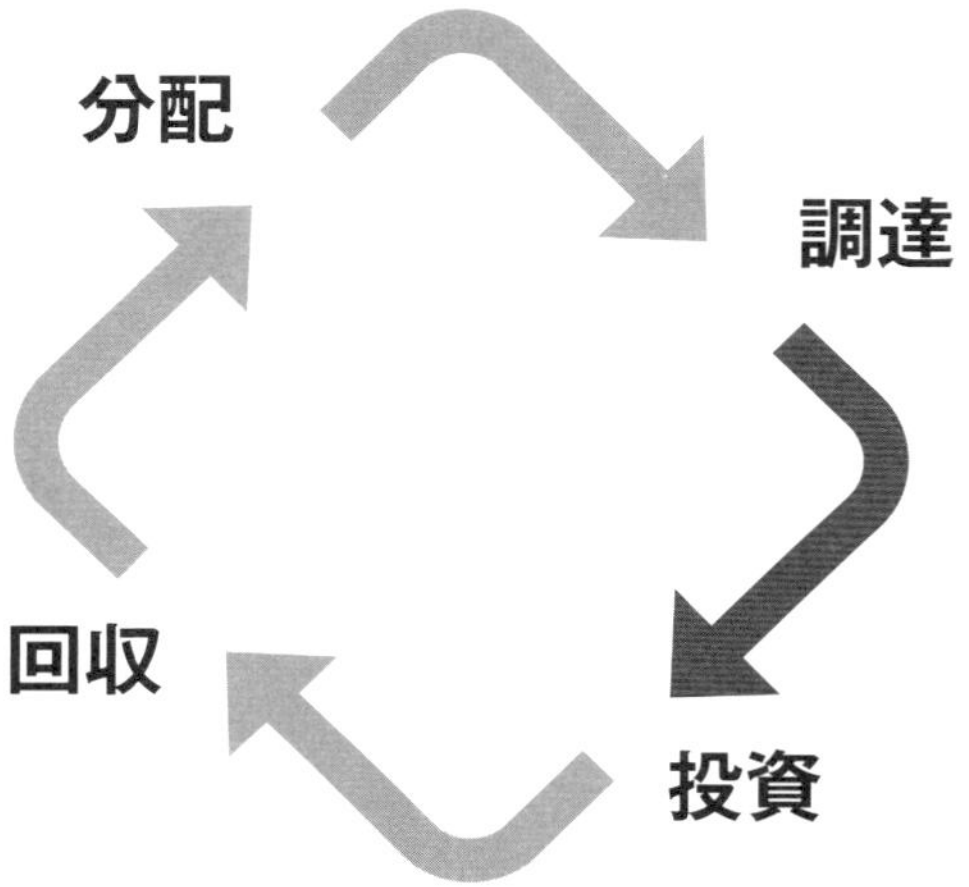

出所：タナベコンサルティング作成

である。「損益計算書（P／L）」「貸借対照表（B／S）」「キャッシュフロー計算書（C／F）」の三つの決算書（財務三表）を見れば、その企業の財務価値がわかる。とはいえ、単に数字を眺めているだけでは、その企業の本当の経営状態を判断・判定することは難しい。

そこで、経営状態を判断・判定するためには「分析」が必要となる。分析という工程を通じて初めて、その企業の経営状態が良いのか悪いのかの判定が可能になる。財務価値の分析は、いわば「企業の健康診断」なのである。

財務分析を行う場合、「安定性」「収益性」「成長性」「生産性」「キャッシュフロー」「資本効率性」という六つの切り口から財務諸表を見る。六つの切り口それぞれで、「それ以前と比べてどうか（トレンド分析）」「ライバルと比べてどうか（競合分析）」「目標値と比べてどうか（目標比較）」という観点で分析する。また分析は、「平均値」を基準にするのではなく、自社における「あるべき指標」を目標値に設定すべきである。つまり、単に自社の財務指標を業種や業界の平均値と比べるのではなく、絶対的基準値と比べて優劣を判断することが大切である。

例えば、日本企業の「売上高経常利益率」の平均値は、製造業が七・九パーセント、非製造業は五・三パーセントであるが（二〇二一年度、財務省「法人企業統計調査」）、タナベコンサルティングの過去のコンサルティング事例から導いた持続的成長の基準値は「一〇パーセント」である。自社が売上高経常利益率の目標値を設定するときは、一〇パーセントを超える値を掲げるべきである。業種・業界の平均値を目標に置いても、それを達成したとて、その業種内・業界内の平均レベルに到達しただけのことにすぎない。

(2) 六つの分析切り口

次に、財務分析の六つの切り口を具体的に解説しよう【図表1-9】。

① 安定性

安定性分析とは、貸借対照表の「資産」「負債」「自己資本」のバランスを見ていくものである。

図表 1-9 経営指標の目安

経営指標		目標値
①安定性	a. 自己資本比率	40%以上
	b. 流動比率	150%以上
	c. 固定比率	100% 以下
	d. 固定長期適合率	100% 以下
	e. 損益分岐点操業度	70% 以下
②収益性	a. 総資産経常利益率	20%以上
	b. 総資産回転率	2 回転以上
	c. 売上高経常利益率	10%以上
③成長性	労務費増加率＜売上高増加率＜限界利益（粗利益）増加率＜経常利益増加率	
④生産性	a. 1 人当たり労働生産性	1500 万円以上
	b. 労働分配率	33.3%
⑤キャッシュフロー	a. CCC	30 日以内
	b. FCF マージン	10%以上
⑥資本効率性	a. ROE	8% 以上
	b. ROIC	20%以上

出所：タナベコンサルティング作成

(a) 自己資本比率

総資本のうち自己資本が占める割合であり、中長期的な安定性を示す。数値が高いほど安定性が高く、目標値は四〇パーセント以上である。低い場合は資本に比べて負債が過大か、もしくは内部留保が適正になされていない可能性がある。

(b) 流動比率

一年以内に現金化する資産（流動資産）と、一年以内に支払うべき負債（流動負債）を比較したものである。短期的な安定性を示す。数値が高いほど安定性が高い。基準値は一〇〇パーセント以上、目標値は一五〇パーセント以上である。

(c) 固定比率

固定資産を、返済の必要がない自己資本で

どれだけ賄えているかを示す。資金が長期間固定化する固定資産への投資は、回収に長期間を要するため自己資本で賄うことが望ましく、数値が低いほど安定性が高い。目標値は一〇〇パーセント以下である。

(d)固定長期適合率

固定資産への投資を、返済の必要のない自己資本と、すぐに返済する必要のない固定負債でどれだけ賄えているかを示す。低いほど安定性が高い。目標値は一〇〇パーセント以下である。

(e)損益分岐点操業度

売上高と総費用がプラスマイナスゼロになるときの損益分岐点売上高を、実際の売上高で除したものである。値が低いほど、売上高が減少しても赤字になりにくい構造であることを示す。目標値は七〇パーセント以下である。

②収益性

収益性とは、一定期間に企業が利益を獲得する能力のことであり、いかに効率よく利益を上げているかを分析する。

(a)総資産経常利益率

企業活動のために使用した資産（総資産）でどれだけの成果（経常利益）を得られたか、その効率の程度を示す。値が高いほど収益性が高い。目標値は二〇パーセント以上である。経常利益を総資産で除すほかに、総資産回転率と売上高経常利益率を掛け合わせることでも求められる。

(b)総資産回転率

資産(総資産)を使って、いかに効率よく売上高を上げられたかを示す。高いほど収益性が高い。目標値は二回転以上である。

(c)売上高経常利益率

営業活動で得た売上高を、いかに利益に結び付けているかを見る指標であり、経営活動の成果を端的に示す。高いほど収益性が高い。目標値は一〇パーセント以上である。

③成長性

成長性とは、一定期間の経営活動の成果、すなわち売上高・限界利益(粗利益)・経常利益の向上、およびこれを支える労働力の充実・拡大をいう。理想とされる成長のバランスは「労務費(人件費)増加率<売上高増加率<限界利益(粗利益)増加率<経常利益増加率」である。

④生産性

自社の経営資源（ヒト・モノ・カネ）が、どれほど収益に貢献しているかを分析する。

(a)一人当たり労働生産性

一人当たりいくらの限界利益（年間）を稼いでいるかを示す。高いほど生産性が高い。目標値は一五〇〇万円以上である。

(b)労働分配率

稼いだ限界利益（粗利益）のうち、人件費にいくら費やしているかを示す。労働生産性の逆指標でもある。高いほど労働集約型の企業であることを示す。目標値は三三・三パーセントである。

⑤キャッシュフロー

事業活動で自由に使える現金および現金同等物の流れ（フリーキャッシュフロー／ＦＣＦ）から企業の資金状況を見る。ＦＣＦは営業キャッシュフロー（営業活動での現金の収支差額）と投資キャッシュフロー（投資活動での現金の収支差額）の合計で求められる。

(a)ＣＣＣ（キャッシュ・コンバージョン・サイクル）

企業が原材料の調達や商品の仕入れなどに現金を投入してから、商品を販売して最終的に現金化されるまでの日数を示す。短いほど資金効率が高いことを示し、マイナスであれば余剰資金の創出につながる。目標値は三〇日（一カ月）以内である。

(b)ＦＣＦ（フリーキャッシュフロー）マージン

売上高に占めるフリーキャッシュフローの割合から、企業の現金創出力や将来的な投資・分配余力を測る指標である。この比率が高ければ、売上げからより多くの現金を得ていることを示す。目標値は一〇パーセント以上である。

⑥資本効率性

資本効率性とは、自社の資産を効率的に活用してどれだけ売上高や利益につなげているかをいう。〝資産〟のなかでも、自己資本（純資産）や総資産を用いて効率性を測定する。また、資金の拘束期間を短縮する一方、資金の効率性を高めることも資本効率性の範囲となる。

(a)ＲＯＥ（自己資本利益率）

株主が出資した資金を使ってどれだけの利益（当期純利益）を生み出しているかを数値化したものである。企業は株主が期待するリターン（配当など）以上の成果が求められる。ＲＯＥの数値が高いほど資本効率が高い。目標値は八パーセント以上である。

(b)ＲＯＩＣ（投下資本利益率）

株主の出資や金融機関からの借り入れなどで調達した資金を元手に、どれだけの利益（税引き後営業利益）を得られたかを示す。ＲＯＥは株主から集めたお金で、配当金や将来への投資の原資となる最終利益をどれだけ効率的に稼いでいるかを見る指標であるのに対し、ＲＯＩＣは外部から調達したお金と自己資本を使って、どれだけ本業で利益を稼いでいるかを見る指標である。ＲＯＩＣの目標値は二〇パーセント以上である。

(3)財務指標から問題の本質を押さえる

それぞれの財務指標から問題点の本質を押さえるためには、数値の良し悪しを判断するだけではなく、その数値になった背景と要因を決算書から導くことが重要である。決算書は、あくまで「経営活動の結果を数値で示したもの」にすぎず、経営活動そのもののプロセスやり方、内容について読み取ることはできない。分析の目的は、あくまでも数値面から企業の実態と問題解決のヒントをつかむことである。

ＴＣＧでは、これまでに蓄積した経営コンサルティング事例をもとに、それぞれ六つの切り口における改善策をクライアント企業に提供している。次に紹介するのはそのポイントである。自社の財務分析の結果から経営課題をディスカッションする際は、対策の検討材料として活用してほしい。

①安定性改善

自己資本比率は「不況耐久力」ともいわれ、将来のリスクに対する備えを表す指標でもある。むろん、比率が高いほど安定性があるため、経営者・経営幹部は常に指標を高めることを念頭に置く必要がある。

自己資本比率を高める手法としては、「増資」「内部留保の蓄積」「総資産の圧縮（遊休固定資産の売却や借入金の返済など）」の三つがある。

まず、増資については、株主構成も含めた資本政策をしっかりと立てたうえで行う。内部留保の蓄積は自己資本比率向上の王道であるが、ただやみくもに利益のストックを考えるのではなく、明確な配当政策を持ち、「自己資本充実のための中長期経営計画」を立案したい。

そして、総資産の圧縮の着眼点としてぜひ参考にしていただきたいのが、「トヨタ式経営」である。多くの企業経営者がトヨタ自動車を参考にしているが、同社の本質は「回転率経営」といえる。ジャスト・イン・タイムによる在庫削減→在庫スペースの削減→余剰資金の創出→借入金の返済（または買掛債務の圧縮）といった具合に、すべての施策が総資産の圧縮と手元資金で大きなリターンを得る回転率経営に結び付いている。

また流動比率の改善策としては、流動資産を増やすか、流動負債を減らすかの二つである。流動資産を増やす具体的な方法としては、固定資産投資をコントロール（抑制）して、現預金

図表 1-10 損益分岐点操業度70％と限界・経常利益率の関係

損益分岐点操業度	限界利益率	経常利益率
70%	30%	9%
	35%	**10% 以上**
	40%	**12% 以上**
	50%	**15% 以上**

出所：タナベコンサルティング作成

や現金化しやすい売掛債権などの残高を増やすことである。それに対して流動負債を減らす方法は、流動負債を減らして固定負債を増やすか、純資産を増やすかの二つである。具体的には、短期借入金を長期借入金に借り換えたり、増資したりすることが考えられる。

固定比率や固定長期適合率の改善策は、固定資産を圧縮するか、自己資本を増やすかの二つである。固定資産を圧縮する方法としては、不要な固定資産を換金したり、固定資産投資を抑えたりするといったことだ。また、自己資本を増やす方法としては、内部留保の増加（利益の積み上げ）と増資がある。

最後に、「不況抵抗力」を示す損益分岐点操業度（固定費÷限界利益×一〇〇パーセント）の改善である。損益分岐点操業度は、売

図表1-11　損益分岐点操業度の改善対策

経常利益率 ＼ 限界利益率	低い（35%未満）	高い（35%以上）
高い（10%以上）	①既存商品の付加価値アップ ②新規商品の開発 ③外部依存コストの見直し ④経営資源コストの配分見直し	①新規商品の開発 ②既存商品のファーストコール化（一番に選ばれるための施策）に向けた戦略投資の強化
低い（10%未満）	①既存商品の付加価値アップ ②外部依存コストの見直し ③経営資源コストの配分見直し	①新規商品の開発 ②既存商品のファーストコール化に向けた戦略投資の強化 ③マネジメントコストのコントロール

出所：タナベコンサルティング作成

上高がどの程度まで落ち込んでも、赤字を出さずにいられるかという収益指標である。例えば、損益分岐点操業度が八〇パーセントであれば、売上高が二〇パーセントダウンしても赤字にならないことを意味する。

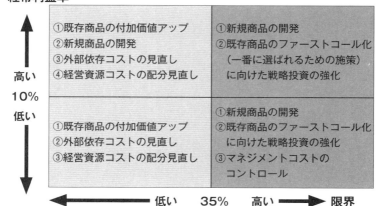

　損益分岐点操業度を改善するということは、利益の出し方、経費の配分を変えるということである。これは一朝一夕で改善せず、明確な経営者の意志の下で損益分岐点操業度を下げ、不況抵抗力を高めることが求められる。損益分岐点操業度の目標値は七〇パーセント以下である。この目標値を目指す際の付加価値（限界利益）と経済利益の目標水準は**【図表1-10】**の通りである。

　ここで確認してほしいのは、損益分岐点操業度七〇パーセントと、持続的成長に必要な経常利益率一〇パーセントを確保しようとすれば、限界利益率が三〇パーセントでは難しいということである。少なくとも限界利益は三五パーセント以上を確保しなければ、「経常利益率一〇パーセント以上」は達成できないのである。だからこそ、付加価値の高い収益構造をいち早く構築する必要がある。

その目標値を目指すための対策着眼を**【図表1‐11】**に示す。操業度七〇パーセントという目標値を目指しながら、収益構造の安定化という命題に取り組んでほしい。

②収益性改善

収益性は、総資産に対してどれだけ経常利益を出したのか、という総資産経常利益率で表される。メーカーの場合は一六パーセント以上、卸・小売・建設の場合は一〇パーセント以上が優良企業の基準である。

では、収益性（総資産経常利益率）が目標指標に達していない企業はどうすればよいか。その場合はまず、収益性を利益率（売上高経常利益率）と回転率（総資産回転率）に分解し、それぞれの業界別目標指標と比較する。総資産経常利益率は売上高経常利益率と総資産回転率を掛けたものであり、**【図表1‐12】**の通りに分解できる。

その結果、売上高経常利益率に問題があるとわかれば、

図表 1-12 総資産経常利益率の分解式

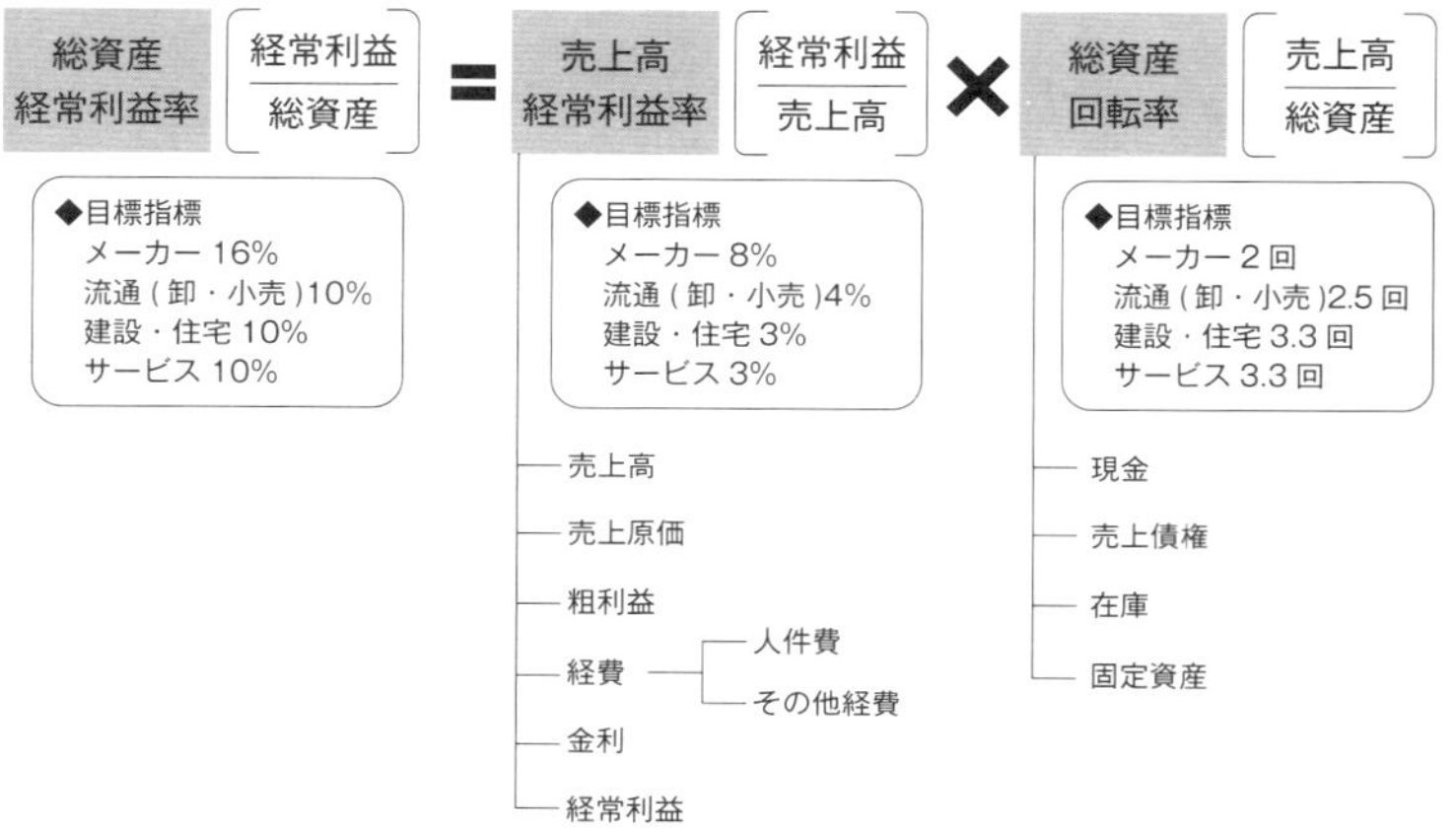

出所：タナベコンサルティング作成

●粗利益（限界利益率）はライバルや優良企業と比べてどうか

●人件費（労働分配率）はライバルや優良企業と比べてどうか

●その他の経費（物流費、販促費、減価償却費、金利など）はどうか

――という観点から、さらに細かく分解して自社の収益力の問題点を浮き彫りにしていく。逆に、総資産回転率に問題があるとすれば、

●売上債権の回転率はライバルや優良企業と比べてどうか（回収力の点検）

●在庫回転率はライバルや優良企業と比べてどうか（在庫管理力の点検）

●固定資産回転率はライバルや優良企業と比べてどうか（固定資産の有効活用度の点検）

――という観点で分析し、資本の活用度（回転率）を点検していく。そして、固定資産の回転率が悪いとわかったら、

- 遊休地など無駄な固定資産はないか
- ライバルよりも大きな倉庫スペースを使っていないか（在庫過大の疑い）
- 工場の面積当たり、店舗の売場面積当たりの生産性がライバルより低くないか
- 外注政策に問題はないか（必要以上に内製化にこだわっていないか）

――などの着眼点から問題を浮き彫りにし、改善テーマを抽出していく。

③成長性改善

成長性とは、売上高や利益がどれだけ伸びているのかということである。ここで着目したい点は「成長バランス」という考え方だ。成長バランスとは、人件費・労務費の伸びよりも売上高の伸びが大きく、売上高の伸びよりも限界利益・粗利益の伸びが大きく、限界利益・粗利益の伸びよりも経営利益の伸びが大きいという状態が望ましいということだ。バランスの良い成長は必ず生産性を高め、企業体質を筋肉質にしていく。

これが逆になるとどうか。経常利益の伸びよりも限界利益・粗利益の伸びが大きく、限界利益・粗利益の伸びよりも売上高の伸びが大きく、売上高の伸びよりも人件費・労務費の伸びが

図表1-13　成長企業と“膨張企業”の成長バランス

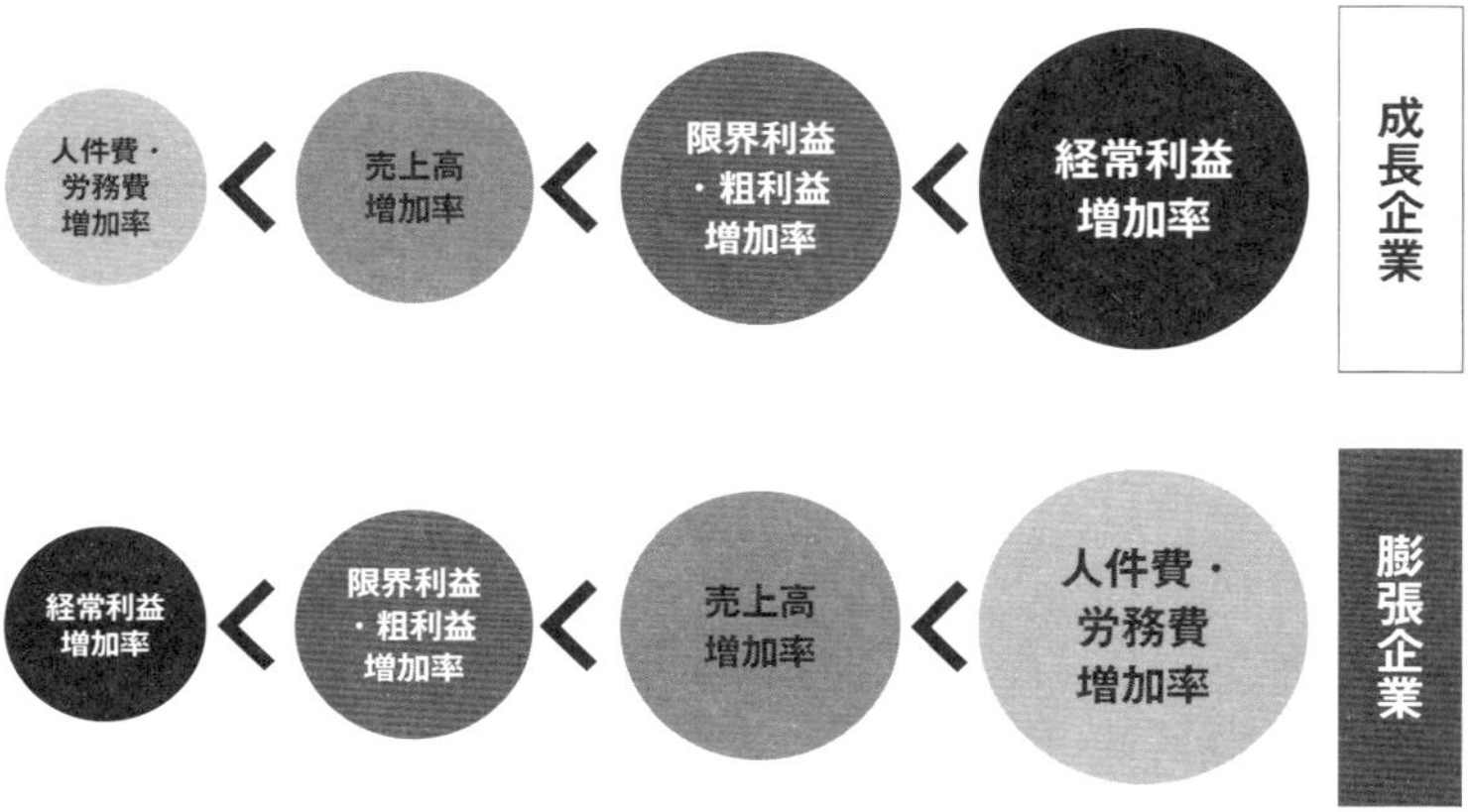

出所：タナベコンサルティング作成

大きい、つまり、生産性を犠牲にしながら会社の規模が拡大していることになる。そうした企業を、TCGでは「膨張企業」と呼んでいる【図表1-13】。

企業の理想とされる成長バランスは、経営活動の利益の伸びが粗利益や売上高の伸びを上回り、これらを支える労働力の充実・拡大が賄えている状態をいう。

④生産性改善

生産性の改善では、次の三つの重要な指標がある。

- 一人当たり年間経常利益
- 一人当たり月間限界利益（労働生産性）
- 労働分配率

「一人当たり年間経常利益」は企業規模に

よって目標指標が異なる。中小企業の場合は「一〇〇〇万円」、中堅企業は「二〇〇〇万円」、上場大手企業は「三〇〇〇万円」が目標指標となる。従業員数が一〇〇人の中小企業であれば、経常利益は一億円以上が目標となる。

次の「一人当たり月間限界利益（労働生産性）」の目標額としては「一〇〇万円以上」である。これは、後述の労働分配率との関係で見る必要がある。労働分配率が四〇パーセントとすると、一人当たり月間限界利益が一〇〇万円の企業の場合、一人当たりの年間人件費は四八〇万円（一二〇〇万円×四〇パーセント）になる。「生産性なくして分配なし」が企業経営の原理原則であるため、賃金アップを目指す場合は、生産性の向上が欠かせないことを社員に認識してもらう必要がある。

一人当たりの労働生産性を改善する方法としては、「業務の見える化」「業務の標準化」「技術利用」の三つがある。

まず、付加価値の高い業務に時間を配分しているか、無駄な業務がないかなど業務内容の可視化を行い、適切に管理・改善していく。また、属人的業務が多いと品質にばらつきが生じたり、ミスやトラブルの事態収拾に時間を要したりするため、マニュアルの整備やルール化を図るなどして業務を標準化する。さらには、ＡＩ（人工知能）を含むデジタル技術を活用して労働投入量を大幅に削減する一方、より付加価値の高いコア業務にマンパワーを投入する、といったことである。

労働分配率を改善する方法としては、限界利益（＝付加価値）を上昇させること、人件費を抑えることの二つである。付加価値を上昇させる方法は、売上げの増加と変動費の削減が考えられる。高付加価値の商品の販売を増やす一方、低い商品は販売をやめるか、付加価値向上を図ることである。変動費の削減方法としては、在庫管理の徹底による仕入れ抑制、戦略的な原価企画によるコスト削減、外注費の見直しなどがある。また、人件費の抑制方法としては、裁量労働制の導入や人事制度の見直しなどがあるが、一般的に単純な人件費削減は難しく、取り組みは慎重に実施することが大切である。

⑤CF／資本効率性改善

キャッシュフローを改善する方法としては、売上債権管理の徹底、在庫や遊休資産の現金化、回収サイトの短縮、支払いサイトの長期化などが挙げられるが、キャッシュフロー改善で重要な点は、資金繰り表を作成し、現金の流れを先行で把握することである。

資本効率性を改善するためにはＲＯＩＣ（投下資本利益率）の向上を目指す。ＲＯＩＣの基準は調達コスト以上である。ＲＯＩＣを向上させるには、売上高営業利益率を改善させるか、投下資本の回転率を上げるかの二つがある。

前者の売上高営業利益率の改善は、売上高の増加を目指しつつ、粗利益の向上と一般管理費の削減も併せて進めることだ。後者の投下資本回転率の向上は、有利子負債の圧縮を強化するとともに適正なキャッシュマネジメントを行う。

キャッシュマネジメントの具体的手法としては、前述したCCCの指標を改善させることだ。CCCは、仕入れ債務の支払いから売上債権を回収するまでの日数を示す指標であり、短いほど資金効率が高くなる。CCCがマイナスであれば仕入れの支払いより売上代金の回収が先になることを示し、余剰資金の創出につながる。いかに短い期間で現金化するか、売上債権、在庫、仕入債務のコントロールが重要である。

第2章

企業価値を向上させる決め手

経済産業省が二〇一四年に「伊藤レポート」を公表して以降、企業価値向上に関する議論が盛んになった。いまや大手・中堅企業の経営者のなかで、企業価値向上を一切口にしない人は皆無に等しいといっても過言ではない。本章では、企業価値向上に求められる視点と取り組みについてポイントを述べていく。

1 財務・非財務資本による企業価値向上

(1)企業価値評価の変遷

そもそも〝企業価値〟とは何だろうか。インターネットで検索すると「企業全体の価値を金額で表したもの」という、身もふたもない定義が表示される。ただ、この説明は端的ではあるが、漠然としていて本質を捉えていない。

以前は、企業価値とは「株主に対する経済的利益の最大化」が中心だった。もっぱら株式の時価総額（株価×発行株式数）が企業価値として代用され、企業と株主のウィンウィンの関係を維持することだけを考えていればよかった。また、企業価値の評価方法も、決算書上の財務

図表2-1　コーポレートサステナビリティに向けた企業価値創出モデル

出所：タナベコンサルティング作成

情報から将来のキャッシュフローを予想して現在の企業価値に換算する「ＤＣＦ（ディスカウント・キャッシュフロー）法」が主流だった。企業を「キャッシュの創出力」で評価してきたのである。

だが、決算書に記載されている財務情報だけでは、真の企業価値を直接的に測定することは難しい。真の企業価値とは、「財務的価値」と「非財務的価値」の二つによって決まる。財務的価値とは、財務諸表に記載されている金銭換算が可能な有形資産の価値である。一方、非財務的価値とは、ＥＳＧ活動や自社固有のノウハウ、ブランド、人材など、金銭換算が困難な無形資産の価値のことである。この非財務的価値こそ、自社の真の企業価値を決定付ける付加価値といえる**【図表２-１】**。

しかし二〇〇〇年以降、企業価値の代理変数であるＰＢＲの水準が、日本企業と海外企業との間で差が開き始めた。長期的なトレンドを見ると、米国は平均して三〜四倍程度、英国は二倍程度で推移しているのに対し、日本は一〜一・五倍の低水準で推移している。ＰＢＲの一倍を超える部分こそ、帳簿上の価値を上回る固有の価値

図表 2-2　日本の企業価値向上に対する取り組みの流れ

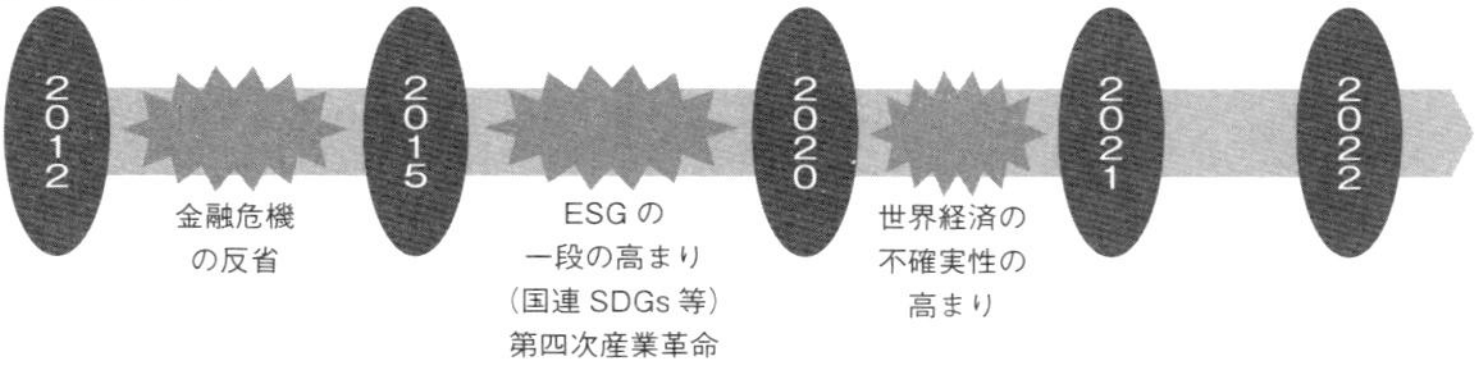

企業と長期投資家のエンゲージメントの重要性（長期的視点からの意思決定の必要性）	ESG・無形資産の重要視	サステナビリティ経営の重要性「SX」の推進
	〈人的資本の重要性〉	〈人的資本の重要性〉
●「伊藤レポート」公表（2014） ●スチュワードシップ・コード策定（2014） ●コーポレートガバナンス・コード策定（2015）	●「伊藤レポート 2.0」公表（2017） ●価値協創ガイダンス策定（2017） ● TCFD ガイダンス策定（2018） ●グループガイドライン策定（2019）	●「人材版伊藤レポート」公表（2020） ●事業再編実務指針策定（2020） ●人的資本可視化指針（2022） ●「伊藤レポート 3.0」策定（2022） ●価値協創ガイダンス 2.0 策定（2022）

出所：経済産業省「第１回持続的な企業価値向上に関する懇談会」（2024年5月7日）／事務局資料「参考資料①」をもとにタナベコンサルティング加工・作成

になるのだが、日本企業はこの肝心な部分が弱いという状況がこれまで続いている。

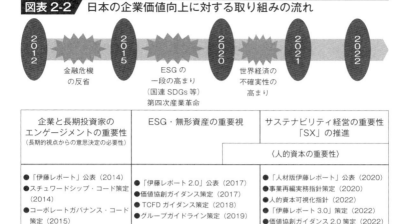

　こうした状況に危機感を持った経済産業省は伊藤レポートを公表して以降、価値協創ガイダンスやコーポレートガバナンス・コード、グループガイドラインなどの策定をはじめ、企業価値向上の施策を講じてきた【図表2-2】。なかでも、二〇二〇年以降は非財務資本の人的資本が注目され、伊藤レポートの人材版や人的資本可視化指針の公表に加え、金融庁が二〇二三年三月期決算以降の有価証券報告書で人的資本の情報開示（人材への投資額や従業員満足度など）を上場企業に義務付けている。

　ただ、改善傾向にあるとはいえ、欧米企業に比べると日本企業のPBRは低い。何が原

図表2-3 PBR向上のポイント

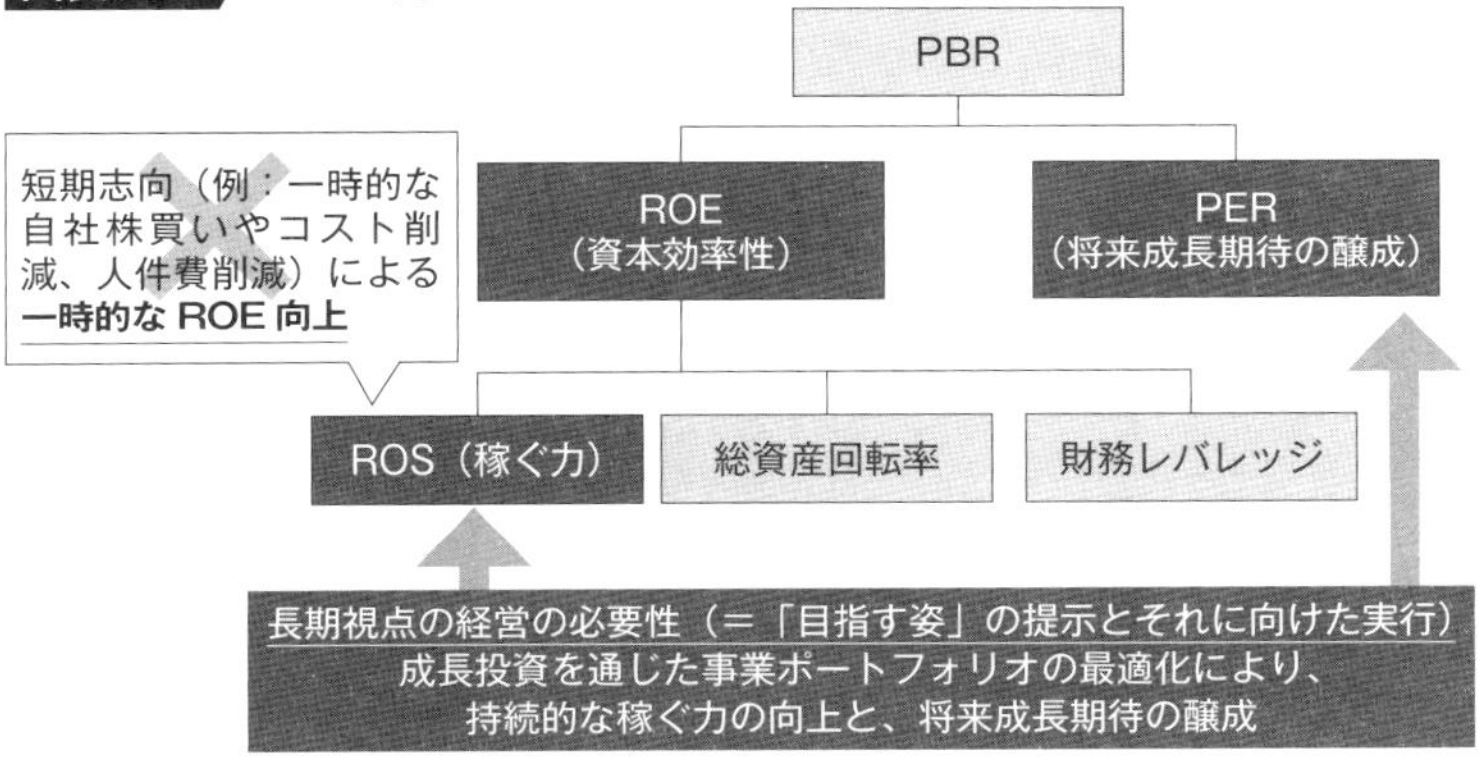

PBR：株価純資産倍率＝株価÷1株当たり純資産、ROE：自己資本利益率＝当期純利益÷自己資本、PER：株価収益率＝株価÷1株当たり当期純利益、ROS：売上高当期純利益率＝当期純利益÷売上高、総資産回転率＝売上高÷総資産、財務レバレッジ＝総資産÷自己資本

出所：経済産業省「第1回 持続的な企業価値向上に関する懇談会」（2024年5月7日）／事務局資料「参考資料①」をもとにタナベコンサルティング加工・作成

因なのか。PBRは「時価総額÷純資産」で算出されるが、これはROE（自己資本利益率）とPER（株価収益率）に分解できる。ROEは「当期純利益÷純資産」、PERは「時価総額÷当期純利益」で求めることができる。さらに、ROEはROS（売上高当期純利益率）、総資産回転率、財務レバレッジという三つの指標に分解（デュポン分解）できる【図表2-3】。

ポイントになるのはROEだ。積み上げた利益を次の成長投資へ積極的に投入する企業はROEが高くなる傾向にある。従来は、日本でいわれる「良い会社」とは自己資本が厚く、キャッシュリッチの会社とされていたため、ROEは比較的低い傾向にあった。つまり企業をつぶさないように自己資本を蓄積し、現預金をため込んでいる会社が良いとされてきた。しかし、現在の投資家は資本効率を高めて成長投資を積極的に行い、持続的に成長する企業を求めており、実際に欧米企業はそうした投資家の求めに対応してきたため、ROEが高い傾向になっているのである。

したがって、日本企業が企業価値（PBR）を向上させるためには、自社の経営スタイルを〝つぶれない経営〟から「持続的に成長する経営」へと転換する必要がある。すなわち、一時的なコスト削減や自社株買いといった短期志向の急場しのぎではなく、自社が中長期的に目指す姿（ビジョン）の実現に向けて、R&D（研究開発）やM&Aといった事業ポートフォリオの最適化、また後継者・幹部人材育成に成長投資を継続して行い、将来期待（PER）を高めつつ利益率（ROS）を上げていく必要がある。そのためにも、各企業の財務会計担当者は、事業戦略的な視点から非財務資本をマネジメントする「企業価値創造最高責任者」、CVO（チーフ・バリュー・オフィサー）へアップデートすることが求められている。

(2)財務アプローチによる資本マネジメント

定量的に資本効率性を測る指標として、大企業ではROICによる評価も加わる。ROICは「投下した資本からどれだけの収益を得られたか」を測る指標であり、「税引後営業利益÷投下資本」で計算できる。類似する指標として、有価証券報告書などの公開情報から簡単に計算できるROAとROEがあるが、ROICがROA・ROEより優れている点は「資本コストと比較できる」ことである。

ROICは有利子負債と自己資本で調達した資金を事業に投資した結果、得られるリターン比率を表すことから、事業資金の提供者である金融機関と株主の期待収益率を加重平均したWACC（加重平均資本コスト：資本提供者が期待するリターン）と比較することで、資本提供者の期待を上回ったかどうかを評価できる。

これに対してROAは、調達サイドに資本提供者が関与しない事業負債が含まれていることから、資金調達コストとの比較でパフォーマンスを評価するには適していない。そのため、資本コストを上回るリターンを企業に期待する資本提供者は、資本コストが評価基準となるROICを重視した経営を期待する。

また、資本効率性を向上させるには、CCCの存在も欠かせない。CCCは、企業が販売や仕入れを行い、取引先に対して現金を支払って顧客から現金を回収するまでに必要な期間を指し、運転資本の回転日数をベースに算出する。運転資本とは、「売上債権」「棚卸資産」「仕入債務」の三つだ。売上債権回転日数と棚卸資産回転日数の合計から仕入債務回転日数を引いた日数がCCCとなり、一言で表すと「企業の資金創出力」である。

前述の企業価値向上を実現するためには、CCCの改善が必須である。企業の持続的成長のためには新規投資が必須であり、その資金を確保しなければならないためだ。

ＣＣＣが短い企業はそれだけ投資の機会が多いため、早く成長することができる。特に、スピードが求められるグローバル企業ほどＣＣＣを重視している。売上げが拡大していてＣＣＣが短ければ、事業からキャッシュが生まれるため、資金調達せずとも再投資が可能となる。逆に、ＣＣＣが長い企業は売上高が伸びるほど資金が不足しているため、どこかで成長の限界を迎える。また、ＣＣＣの圧縮はＲＯＩＣの改善にもつながる。むしろＲＯＩＣの向上はＣＣＣ改善のためでもある。分母となる運転資本を圧縮することで、ＣＣＣが短縮されるためだ。

よって、ＲＯＩＣによるマネジメントには二つの目的があるといえる。一つが資本コスト経営であり、資本コスト（ＷＡＣＣ）を上回るＲＯＩＣを目指すことで、企業価値の向上を目指す。もう一つがキャッシュフロー経営であり、投下資本を圧縮することでキャッシュフローを創出し、高成長事業に投資していくというものである。

(3) 非財務アプローチによる企業リスクの低減

二〇二〇年五月に国際統合報告評議会（ＩＩＲＣ）より示された「国際統合報告フレームワーク」で、財務資本だけではなく非財務資本も活用・蓄積して価値創造を行う指針が掲げられた。これをきっかけに日本でも上場企業を中心として非財務資本（製造資本、知的資本、人的資本、

図表2-4　時価総額に占める無形資産の割合

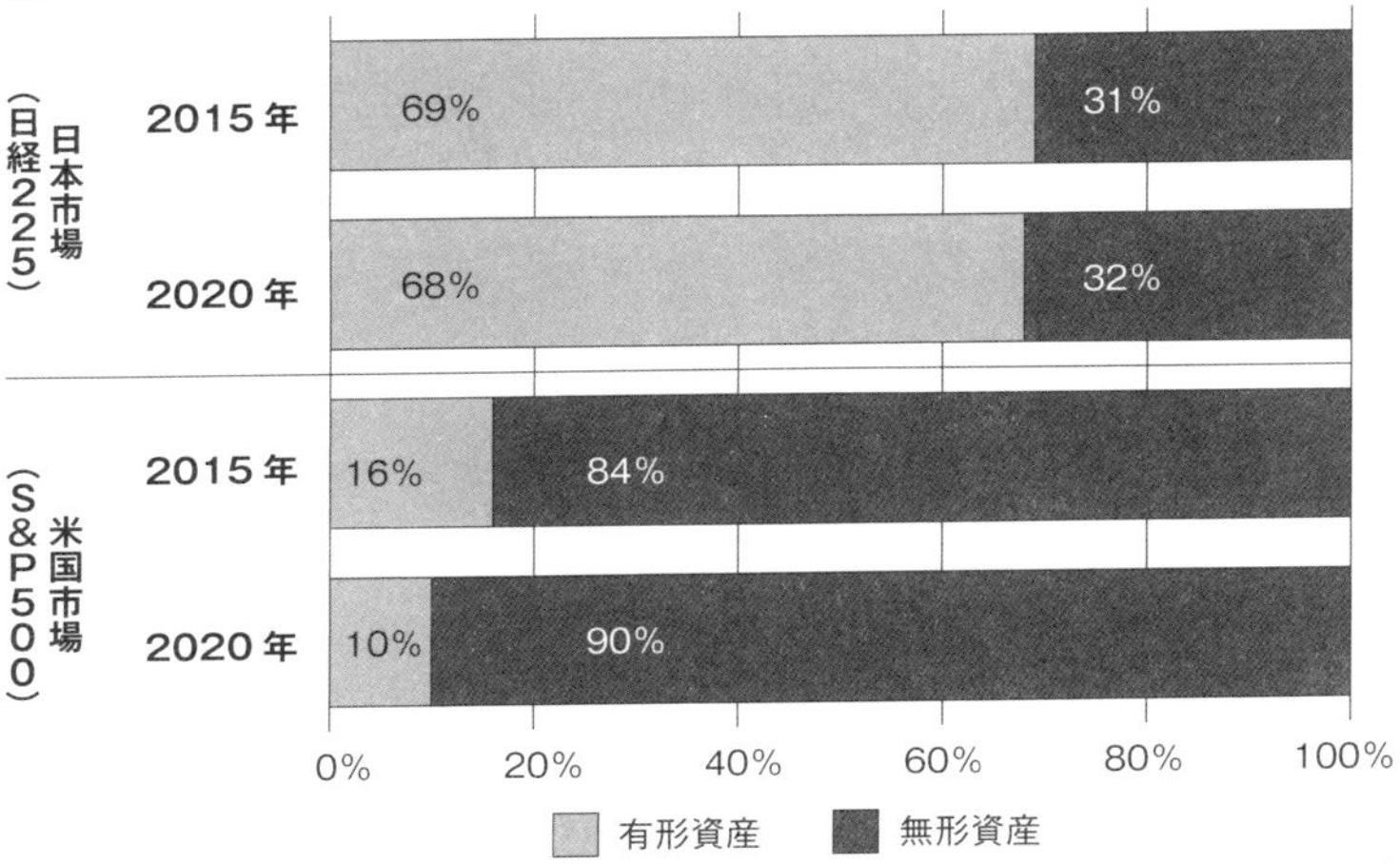

出所：内閣官房・新しい資本主義実現本部事務局／基礎資料（2022年2月）をもとにタナベコンサルティング加工・作成

社会・関係資本、自然資本）の重要度が高まっている。非財務資本の活用による企業価値向上の動きは、これからのスタンダードになるだろう。

非財務資本のうち、特に生産性を向上させる重要な要素として「無形資産」が注目され、世界各国で積極的な投資活動が展開されている。無形資産とは、知的財産権（著作権や特許、商標、実用新案、意匠など）やブランド価値、人材が保有するスキル、ノウハウ、ナレッジ、またソフトウエアやシステム、データベース、サプライチェーンに至るまで、物理的形状を持たない資産のことをいう。OECD（経済協力開発機構）の報告書「知識資本、成長、イノベーションへの投資支援」（二〇一三年）によると、無形資産に対する投資効果（生産性向上）は、機械設備や土地・建物など有形資産への投資効果を上回るという。

問題なのは、日本企業の無形資産に対する投資態度が、海外企業と比べて消極的という点である。米国市場（S&P500）の時価総額に占める無形資産の割合を見ると、二〇二〇年は時価総額の九割を無形資産が占めている。すなわち、米国の企業価値評価の大半は無形資産を中心とする非財務資本で構成されている。逆に日本市場（日経225）は、米国企業とは対照的に有形資産の占める割合が大きく、無形資産の割合は七割弱にとどまる【図表2-4】。この無形資産への投資姿勢の差が、そのまま欧米企業との企業価値格差につながっているといえる。

とりわけ、無形資産を生み出す源泉である人的資本への投資が、日本企業は諸外国に比べ大きく見劣りするのが大きな課題だ。学習院大学経済学部の宮川努教授の推計（厚生労働省「労働経済白書（二〇一八年版）」）によると、日本企業の人的投資（OJTを除くOFF-JTの研修費用）は対GDP比で〇・一パーセント（二〇一〇〜二〇一四年）にすぎず、同期間の米国（二・〇八パーセント）やフランス（一・七八パーセント）、ドイツ（一・二パーセント）、英国（一・〇六パーセント）など他の先進国よりもきわめて低い。しかも一九九〇年代から一貫して低下傾向にある。人的資本への投資は、社員のスキルアップやキャリアアップ、エンゲージメントの強化にもつながり、労働生産性の向上に大きく寄与する。したがって、日本企業は人材を「資

図表 2-5 SDGsの使い方と取り組みの動機・目的（例）

目的	動機	SDGsの使い方
コスト削減	燃料費や電気代が高騰してきた	従業員の省エネ意識を、SDGsを活用して改善する。活動や製造方法の改善などをして、コストを削減する
経営計画の策定	顧客の幅が狭く、売上げも縮小	SDGsに示された目標から2030年の世の中を意識し、何が必要か従業員全員で考えてみる
新製品・新サービスの開発	取引先からの要請	〝持続可能性〟を組み込んだ製品やサービスにより付加価値を付ける
新規顧客の開拓	売上げ増	SDGsに即した調達基準を設定している企業などに営業する
事業パートナーの募集	新たな事業を始めたい	異業種交流会やSDGsに関心のある企業セミナー等に参加しネットワークを構築する
従業員のスキルアップ	生産性を向上したい	SDGsにより仕事と社会や地球環境とのつながりを理解することで、モチベーションの向上や意識改革を狙う

出所：環境省「すべての企業が持続的に発展するために－持続可能な開発目標（SDGs）活用ガイド－」（第2版、2020年3月）をもとにタナベコンサルティング加工・作成

本」として捉え、今以上に育成・成長投資へ取り組む必要がある。

またESGやSDGsへの取り組みも、有力な非財務アプローチの一つである。ESG、SDGsの活動には当然、コストや時間・人材の手間などがかかる。従来はこうした非財務的活動が直接的な収益を生まないと考えられてきたが、近年は、長期的な価値創造の基盤になるとの考え方が主流を占めるようになった。ESGやSDGsが企業価値に与える影響を定量的に計測するモデルは確立されていないものの、経営環境が複雑化する現代社会において企業が持続的に成長するためには、自社と株主の関係だけではなく、社員や地域住民、取引先など幅広いステークホルダーを巻き込んだ取り組みが必要となる。財

図表2-6 省エネ効果の考え方

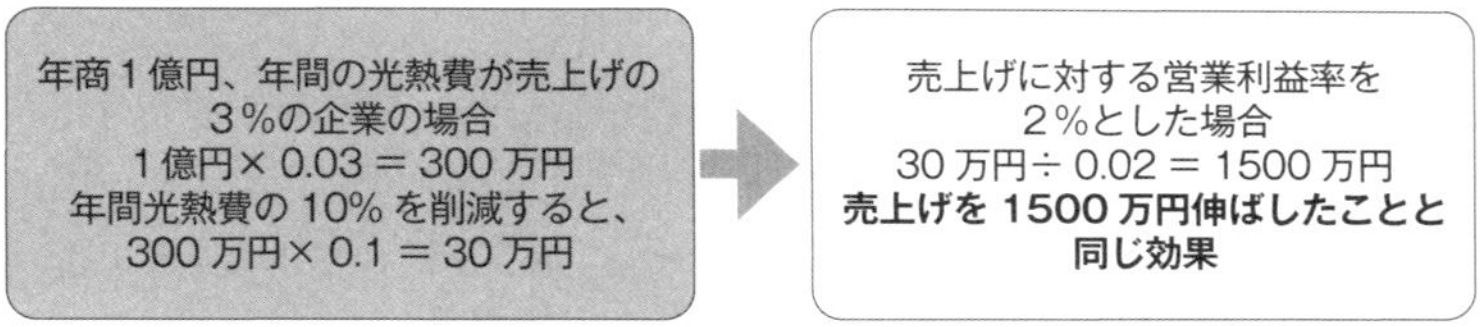
年商１億円、年間の光熱費が売上げの
３%の企業の場合
１億円×0.03＝300万円
年間光熱費の10%を削減すると、
300万円×0.1＝30万円
売上げに対する営業利益率を
２%とした場合
30万円÷0.02＝1500万円
**売上げを1500万円伸ばしたことと
同じ効果**

出所：環境省「すべての企業が持続的に発展するために－持続可能な開発目標SDGs活用ガイド－」（第２版、2020年３月）をもとにタナベコンサルティング加工・作成

務資本と非財務資本を有機的に統合、活用していくことが、持続的な企業価値の向上（コーポレートサステナビリティ）につながる。

自社の経営理念やビジョン、経営課題などをＳＤＧｓとひもづけて取り組むことにより、さまざまなビジネス上の効果が考えられる**【図表２-５】**。例えば、コスト削減であれば、高騰する燃料費や電気代を抑える際、ＳＤＧｓを掲げると省エネ対策への納得感が得られやすい。また、そこで浮いたコストは、そのまま自社の利益創出につながる。仮に、売上高一億円、営業利益率二パーセント、光熱費が売上げの三パーセント（三〇〇万円）を占めている企業が、省エネによって光熱費を一〇パーセント（三〇万円）削減したとする。これは売上げなしに三〇万円の利益を手にしたことになる。その利益増加分を売上げ増加で確保しようとすると一五〇〇万円（三〇万円÷〇・〇二）が必要だ。つまりこの企業は、三〇万円の省エネ対策によって、売上高を一五〇〇万円伸ばしたのと同じ効果を得られたことになる**【図表２-６】**。

このほか、製品の生産方法やサービスの提供の仕方を改善して付加価値や生産性を高めたり、SDGsを取引条件や購買基準にしている顧客を取り込んだりして、社会問題をビジネスチャンスと捉えて売上げ・利益確保の機会を増やすことは可能である。

非財務資本と企業価値の関係を定量的に示すモデルは最前線で研究が進められており、いずれは蓋然性《がいぜん》・汎用性《はんよう》の高い数理モデルが展開されるだろう。まず、自社の非財務KPI（重要業績評価指標）を設定して、中長期的に収益および企業価値との相関を観測するのがよい。

2 企業価値向上に必要な七つの重点テーマ

TCGでは、企業価値向上を図るために重点的に実施すべき七つのテーマを掲げている【図表2-7】。これまで述べてきた通り、財務戦略に加え、非財務戦略も踏まえた企業価値向上に必要なテーマとして捉えていただきたい。

(1) パーパスの再定義とMVVの確立

全社共有の価値判断基準の明確化である。自社のパーパスを見直し、パーパスと整合性の取れたMVV（ミッション、ビジョン、バリュー）を明確にすることが大切である。

図表 2-7 企業価値向上に必要な７つの重点テーマ

(1)パーパスの再定義と MVV の確立	自社の戦略を設計するうえで判断基準となるパーパスをアップデートし、MVV（ミッション・ビジョン・バリュー）を確立する
(2)長期ビジョンと戦略ロードマップの策定	パーパスを軸とした長期ビジョンの設定と、その実現に向けたロードマップを策定し、事業ポートフォリオとバリューチェーンを再設計する
(3)価値創造ストーリーの策定	価値創造プロセスの明確化とマテリアリティ（重要課題）の年度別 KPI を設計し、持続的成長のロジックを描く
(4)人的資本計画の策定	非財務資本の中核を成す人的資本の可視化と、投資計画の策定、経営戦略と連動させた人材戦略を構築する
(5)中期経営計画の策定	ビジョンを実現するための３～５カ年の中期経営計画（事業・組織・財務戦略）、アクションプラン、数値基準（B/S、P/L、C/F）の策定
(6)ガバナンス・リスクマネジメント体制の確立	価格毀損要因の排除に向けガバナンス推進体制の構築、内部統制システムの構築
(7) IR・SDGs 戦略	企業価値向上に必要な株主との対話

※ B/S：貸借対照表、P/L：損益計算書、C/F：キャッシュフロー計算書

出所：タナベコンサルティング作成

パーパスとは、企業としての存在価値・あり方やステークホルダーに対する考え方で、「事業を通じて社会に貢献する価値（貢献価値）」を示す。一方、ミッション（企業使命）とは、企業の社会的役割で、社会のなかにおいてどのような課題を解決するのかを示す。

またビジョン（ありたい姿）は、目指すべき社会性、心から達成したいと願う自身の未来像、自社らしさを示す。そしてバリュー（価値観）は、ミッション・ビジョンを実現する（できる）ために優先すべき価値判断や行動規範を表現したものである。

(2)長期ビジョンと戦略ロードマップの策定

パーパスを軸に企業価値を最大化させる事業ポートフォリオの設計である。事業ポート

フォリオを実現する戦略オプション（M&A戦略、他社との提携など）の検討と計画策定がメインになる。この事業ポートフォリオ戦略を具体化するため、従来のバリューチェーンの再設計や事業間シナジーを発揮させる組織・マネジメント体制まで時系列にロードマップとして落とし込む。

(3) 価値創造ストーリーの策定

財務資本と非財務資本の可視化により、どのように価値を向上するかというストーリーの明示である。まず、企業価値の源泉である財務資本、非財務資本（製造資本、知的資本、人的資本、社会・関係資本、自然資本）が何かを明らかにすることと、非財務資本についてのKPIの設定が重要なポイントとなる。

この六つの資本がインプットとしてビジネスモデルに投入され、事業活動を通じてアウトプットを生み出し、アウトカムとして六つの資本が強化されるロジックを明示することである。

(4) 人的資本計画の策定

非財務資本の中核を成す人的資本の可視化と人材投資計画の策定である。人的資本戦略において大切なことは、三つの視点と五つの共通要素で現状の取り組みを評価することだ。

三つの視点とは、「経営戦略と人材戦略が連動しているか」「現状と目指すべき姿のギャップが定量的に押さえられているか」「企業文化として定着しているか」。また五つの共通要素とは、「動的な人材ポートフォリオ」「知・経験のＤ＆Ｉ（ダイバーシティー＆インクルージョン）」「リスキリング（デジタル・創造性など）」「従業員エンゲージメント」「場所や時間にとらわれない働き方」である。

三つの視点と五つの共通要素で、現在の人事施策である採用、評価、報酬、教育投資、ＤＸの活用、兼業・副業、リモートワーク、マネジメントスキルの向上などを確認していただきたい。そして、すべての項目を外形的に当てはめるのではなく、自社固有の状況から優先順位と時間軸を設計し、ロードマップへと落とし込む。

また、人的資本で大切なもう一つのテーマは、「サクセッションプラン（後継者育成計画）の策定」である。これは、すでにコーポレートガバナンス・コードで情報開示を求められている通り、次世代の経営人材をどのように育成しているかを明示するものである。次世代の経営人材が安定的に輩出されなければ、持続可能な経営とはいえない。将来の経営者候補を時系列で選抜して育成する仕組みの構築も、ロードマップに落とし込む必要がある。

(5) 中期経営計画の策定

中期経営計画を策定する際の考え方が大切である。単に三～五年の積み上げ式の計画立案に終始するのではなく、立案した長期ビジョンからバックキャスト（逆算思考）で中期経営計画を描くことが大切だ。一〇年ビジョンであれば三カ年中期経営計画を三回転させるイメージで、アクションプランと戦略推進における数値基準まで設計する。

(6) ガバナンス・リスクマネジメント体制の確立

企業価値向上において価値毀損《きそん》要因を排除するためのガバナンス体制を設計する。特に、意思決定における取締役会の位置付けと機能の設計が重要になる。

形式的な取締役会ではなく、経営の監督と執行の分離を目的とした取締役会の再設計、監査役会・監査委員会・指名委員会の設置を含めた自社における最適なガバナンス体制を構築する必要がある。また、決めたルールがしっかりと守られているかをチェックする監査システムの設計も不可欠である。

監査の信頼性担保の仕組みとして、三線ディフェンス（事業部門、本社部門、内部監査部門が組織のリスク管理と内部統制を役割分担する体制）や、内部監査部門が取締役会および監査役会に直接報告を行うデュアル・レポーティングラインの構築などがある。

(7) IR・SDGs戦略

IR(インベスターリレーションズ)とは、投資家や株主などステークホルダーに対して自社のさまざまな取り組みを伝えていく広報活動のことである。二〇二一年に改訂されたコーポレートガバナンス・コードに対応し、「投資家と企業の対話ガイドライン」にのっとって情報開示を進める必要がある。ステークホルダーへの適切な情報開示と発信が企業価値にも大きく影響するからだ。

例えば、株主通信(株主に送付する事業報告書)の見直しとして業況報告や商品情報だけではなく、株主に訴えたい話題を幅広く捉えた情報を発信するとともに、オンラインアニュアルレポートを作成し、中期経営目標やトップコメントなどをインタラクティブ(双方向的)かつリアルタイムに発信する。コーポレートコミュニケーションの一環として、これまで発信してきたコンテンツ(動画・映像)をより視認性・閲覧性の高い発信方法へ改善することも不可欠である。

サステナブル経営を実践する企業は、優秀な人材を獲得し、働きやすい環境を整え、社員のエンゲージメントを高めている。そして、非財務資本を財務的価値に結び付けるコーポレートガバナンスの体制を構築し、社会課題を解決して社会価値に貢献することで企業価値を高めていく。

このように、これまで非財務と呼ばれてきたＥＳＧやＳＤＧｓに関して、コーポレートファイナンスとの接点が非常に多くなり、今後ますますコーポレートファイナンスの領域が広がっている。まずは七つの重点テーマにおいて、何を優先的に取り組まなければならないのかを確認していただきたい。その早期実装こそが、今後の自社の持続的成長を決める重要な要素になる。

3 企業価値を高める収益改善のポイント

企業価値を高めるためには、自社の収益構造を変えなければならない。そのために大切なことは、何をどう捨てるか、見直すかである。これまでの延長線上で収益改善を考えるのではなく、生産性が上がっていない中身を数字でしっかりと把握して、どのように改善するのか、また捨てるのかを決断しなければならない。

とはいえ、将来の成長に必要な投資は必要不可欠である。戦略コストとオペレーションコストを明確に区別し、戦略投資を行いながらオペレーションコストをいかに最小化するかのバランスが大切になる。
収益構造でカギを握るのは、売上げに対する限界利益の割合（限界利益率）と固定費の割合である。管理会計上では、当然ながら限界利益の割合が高く、固定費の割合が低いほうが高収益となる。したがって、自社の限界利益率がライバル企業のそれと比べてどのレベルにあるのか。固定費の割合、さらには人件費やその他固定費の割合が、ライバル企業と比べてどうなのかを正しく認識しておく必要がある。

限界利益率と固定費率（さらにはその細目）ともに事業別で比較分析ができれば理想的だが、限界利益率の事業別比較分析だけでも最低限、実施してほしい。そして、ライバルよりも限界利益率が低い場合は、材料費、外注費、物流費といった変動費の項目を細かく分析し、自社の限界利益率が低い原因を浮き彫りにしていく。

次に、自社が収益構造改革を進めるうえで必要な三つの着眼点について述べる。

一つ目は「今後の需要予測」である。もちろん、今後の見通しは不確実だが、自社の特定の製品・サービスや顧客別の需要を分析してみると、需要の不確実性は残るものの、ある程度は定量的に把握することは可能である。

二つ目が「原価コスト構造の見える化」である。需要リスクが予測できれば、そのリスクの悪影響を受けやすい原価コストの中身は何か、どの製品・サービスがリスクにさらされるかを把握しておく必要がある。

三つ目は、「高コスト要因の見える化」である。なぜコストが高いのか。その原因がわからずして対策は打てない。高コストの要因を解明することが必要である。

この三つの着眼で、自社の収益構造をあらためて検討してほしい。収益構造を変えるために目指すべき姿は、大きく二つある。

一つ目は「高付加価値（高粗利益）型収益構造の構築」、二つ目が「ローコスト型収益構造の設計」である。外部環境の変化が激しいなか、それぞれの収益構造をどのように構築していくべきか。次に、高収益を上げている企業の事例を中心に解説しよう。

(1) 高付加価値（高粗利益）型収益構造の構築

まず、玩具メーカーA社の取り組みについて紹介する。

国内の玩具業界は一般的に、少子高齢化の影響で将来的には衰退へ向かうとみられている。そうした状況のなか、A社は独自の市場を創造し、高付加価値を実現している。それは同社の営業スタイルに大きな要因がある。納入先に自社製品を売り込みに行くのではなく、納入先の要望をキャッチするためにきめ細かく訪問し、その要望に応えるオリジナル商品を生産する仕組みを構築している。それに加え、ただ商品化するのではなく、他社がまねできないほどの低価格で提供する。これは中国の生産協力工場とのネットワークを長年にわたり構築しているからこそできる仕組みである。さらには協力工場に対して品質面の技術指導も実施するなど、価格面だけの付き合いではない。このように販売から生産まで一貫した仕組みを構築することにより、高付加価値の収益構造を実現している。

同業他社の粗利益率が三〇パーセント程度であるのに対し、A社では五〇パーセントを確保できる収益構造となっている。きめ細かな営業活動などサービスを向上させることで、売上高経費比率は四〇パーセントと同業他社（三〇パーセント）より高水準にもかかわらず、それを上回る付加価値を確保できていることが、A社の競争力の源泉である。

もう一つの事例を紹介する。印刷会社B社の事例である。

かつて印刷業界は景気に左右されない業界として知られ、一九九一年のピーク時には出荷額が九兆円に達した。だが、その後はインターネットの普及や環境保護意識の向上により社会全体でペーパーレス化が進み、現在は出荷額が四・八兆円（二〇二一年）と約半減した。マーケットサイズが縮小するにつれ、価格競争による収益悪化が顕著となっている業界の一つである。そのようななか、成長マーケットであるヘルスケア分野に特化することで高収益を上げているのがB社である。

B社は通常のチラシ印刷はいっさい手掛けずに、介護現場で使用する印刷物に特化することで差別化を図り、付加価値を高めている。つまり、ケアマネジャーやホームヘルパーが使う手帳から事業所で使用する帳票類まで、一貫して請け負うことで介護現場のニーズを細かく拾い、より使いやすい印刷物を提供しているのである。

現場で働く人たちに直接ヒアリングすることにより、自社の企画ノウハウとして蓄積し、横展開するスタイルで顧客を囲い込むビジネスモデルを構築。チラシ印刷を主に手掛ける他社の粗利益率が二〇パーセントであるのに対し、B社は三五パーセントを確保している。

さらに事例をもう一社。建設会社C社は既存のビジネスモデルそのものを変更することで、低収益から高収益へと転換した企業である。

もともとC社は、地場の下請け建設会社として公共工事や民間の改修工事などを手掛けていた。しかしリーマン・ショック以降、売上げ維持のための採算割れ受注が続き、二期連続の赤字決算を余儀なくされた。この赤字の原因は、売上げの六割を占めるマンション施工事業が実質赤字になっていたことだった。

そこでマンション施工から撤退を決断し、改修・メンテナンス事業に特化した。マンション施工部門の人員は縮小して再出発し、売上げは三分の一程度に縮小したが、現在では経常利益率五パーセントを確保するまでに回復した。自社の収益構造を見える化し、収益性の低い営業所、工場、エリア、顧客を選別することで収益構造改革を成し遂げたのである。

(2) ローコスト型収益構造の設計

人は腰の位置が高い姿勢だと、少しの接触でもバランスを失ってよろめきやすい。企業も腰が高いと、少しの減収で経営が不安定になりやすいものだ。この〝腰の位置〟を決めるのが「損益分岐点操業度」である。この数値が高い企業は、売上げが少し減るとすぐ赤字に転落してしまう。そんな赤字体質の企業に求められることは、とにかく腰を落とすことだ。損益分岐点操業度は七〇パーセント以下に引き下げることが望ましい。

損益分岐点操業度を引き下げるためには、損益分岐点売上高を低くする必要がある。損益分岐点売上高とは収支トントン（利益ゼロ）のときの売上高である。ローコストの企業ほど損益分岐点売上高は低くなり、不況に強い経営体質を構築することができる。したがって、いかにコストを削減できるかが重要だ。

コスト削減のポイントは、変動費を比率で、固定費は金額で、どれくらい削減できるかを考えることである。つまり、変動費は売上げの増減と比例するため「率」でマネジメントし、固定費は売上げの増減に関係なく発生するため「額」でマネジメントするということだ。

このマネジメントを実施するうえで、参考になる事例を一つ紹介する。

電気機器メーカーのD社は、変動費と固定費のコストダウン活動を、それぞれの部署がバラバラに行うのではなく、全社員参加の下で実施している。ある部署だけの活動で終始するのではなく、トップが自ら一件一件の経費精算に目を通し、本気でコスト削減に取り組む姿勢を全社員に示している。また、全社員に対しても削減アイデアの提言を個人目標として掲げさせ、自ら実行する風土づくりにも注力している。

このように、新たな収益構造を構築して成長する企業は多い。ただ、実際はほとんどの企業が収益面での課題を抱えているのが現状である。

4 企業の持続可能性を高める事業再生のポイント

(1)「法的整理」と「私的整理」

事業再生とは、事業を抜本的に改革することで収益構造などを改変し、文字通りに事業を再生させることをいう。具体的には、将来的に債務弁済ができなくなる可能性のある企業が、債務整理の対策を実施しつつ事業改革を実施し、企業の安定的な存続を図ることである。

事業を再生させるためには、損益計算書とキャッシュフロー計算書を改善するだけでなく、過剰債務の解消（デット・リストラクチャリング）による貸借対照表の改革も求められる。

事業再生の方法は、大きく「法的整理」と「私的整理」に分けることができる。まず法的整理とは、端的にいえば裁判所を通して会社を整理することである。「民事再生法」や「会社更生法」「破産法」などに基づいて行われる法的整理は、時間と費用がかかることから主に大手・中堅企業で利用されることが多い。

次に私的整理とは、債務者と債権者の話し合いなどによって再生手続きを進める方法である。法的整理のように多数決で少数者の権利が変更または制限されることはない。法的整理と比較すると、迅速かつ低廉に進められるというメリットのほか、私的整理が成功すれば取引先との取引を維持することができ、顧客に引き続きサービスを行いながら、経営を継続することもできるというメリットがある。

(2) 事業承継期の事業再生

上場大手企業から中堅企業、中小・零細企業に至るまで、すべての企業は「存続」「売却」「廃業」「倒産」のいずれかを決断しなければならないときが必ずやってくる。その決断を迫られる局面は、事業承継のタイミングであることが多い。しかし、会社を存続させたくても、後継者がいなければ引き継ぐことはできない。また後継者がいたとしても、「債務（借入金など）

図表2-8 事業承継期における事業再生の全体像

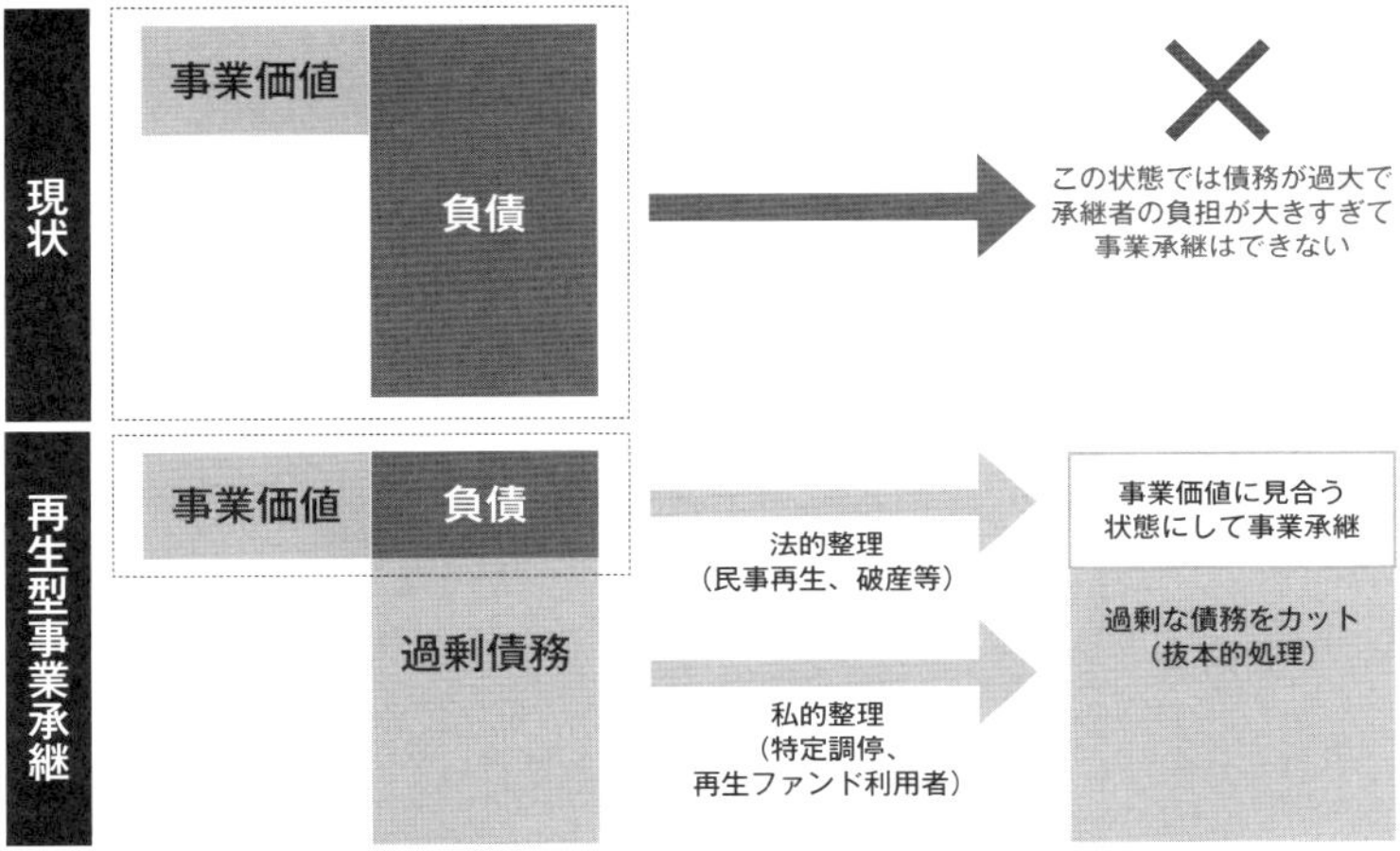

出所：中小企業再生型事業承継支援機構ウェブサイトをもとにタナベコンサルティング加工・作成

が多額で後継者に引き継げない」という課題にぶつかることが多い。会社が経営不振で存続の危機に直面していたら継がせることは難しい。ましてや他社に譲渡することも不可能である。

これから述べる「事業再生」は、事業承継のタイミングで企業の再生を図り、事業を存続させて企業価値の向上につなげることを想定している。具体的には、【図表2-8】の再生型事業承継のように、現状は負債が大きく、後継者に事業を引き継ぐことができない財務状況にあるが、法的整理、もしくは私的整理を行うことで過剰な債務を削減し、抜本的な改善を図ることで事業を存続させる手段である。

過剰債務の見直しにより後継者の負担を減

らすことで、事業を引き継ぐことが可能となる。自助努力による事業再生を図るうえでは、まず事業への影響度を最低限に抑えるため、私的整理を検討することが望ましい。

(3)再生型事業承継

再生型事業承継とは、主に金融機関からの支援によって事業再生を図る手法である。主な選択肢として、次の五つが挙げられる。

①金融機関に返済条件の緩和を依頼するリスケジュール

金融機関などと借入金における月々の元金返済部分を交渉し、当初の契約より条件を緩和(返済金額の減額や返済期間の猶予など)することにより、資金繰りの安定を図るものである。

借入金の削減や金利の減免を行うものではないため、抜本的な財務体質の改善には至らないが、事業再生において最も一般的な手法である。まずはリスケジュールで自社の再建(資金繰り)が可能であるかどうかを見極める。一つの目安として、五~一〇年以内に実質債務超過が解消、かつ債務償還年数が一〇年以内の再建計画であることが望ましい。

②資本性劣後ローンによる資本性借入金（DDS）

債権者が債務者に対して有する既存の貸付債権の返済順位を、他の貸付債権よりも劣後化（後回し）させる手法である。債務者は債務を通常の貸付金から長期の貸付金へ組み替えることができるため、企業の年間返済ペースを落として返済圧力を軽減させることができる。

③既存債務の株式化（DES）

金融機関や関連会社などから現物出資、金銭出資を行うことで借入金を資本に転換する手法である。債務者である企業は株式を発行することで有利子負債を削減でき、負債の削減と自己資本の充実を図る。

また、債権者は貸付金を回収できない代わりに、債務者である企業の経営権を握る（株式取得）ことができる。

④債権放棄

債権者が債務者に対して債権の全部、または一部について返済義務を免除する手法である。リスケジュールだけでは事業の再生を図りにくい企業が金融機関などに依頼する。事業内容や事業の今後の成長性などが取り組みのポイントとなる。

⑤第二会社方式による実質的な債権放棄

過剰債務により財政状況が悪化した会社から、収益性の高い優良な事業だけを別会社（第二会社）へ分離して事業再生を図るとともに、不採算事業・過剰債務が残った旧会社を特別清算する手法である。

今後の事業継続に必要な機能のみを新会社に承継させる新設分割を行い、債務者自身は破産や特別清算などの法的整理手続きによって清算する手法と、不要な資産を新会社に承継させる手法がある。優良会社の株式は、債務者から第三者のスポンサーに譲渡され、その譲渡代金が債権者に対する弁済原資となる。

これらの手段は法的な手続きを行わず、債権者（主に金融機関）との交渉により債務を圧縮し、後継者に引き継ぎやすい財務体質に改善する手法である。

(4)スポンサー型事業再生・事業承継

次に、M&Aを活用した事業再生方式（スポンサー型事業再生・事業承継）について解説する。これは企業単独での収益改善が困難であったり、また後継者問題を抱えていたりなど、現経営陣では事業を存続させることが困難である企業が、スポンサー企業に事業を承継して事業再生と企業存続を図る手法である。

メリットとしては、大きく次の四つが挙げられる。

- スポンサーが付くことで後継者問題を解決できる
- 事業が存続可能となるため社員の雇用・取引先を失わずに経営できる
- スポンサーの知見を活用し、事業を改善できる
- 経営責任を明確にできる

一方、デメリットとしては、

- 通常のM&Aの関係者に加え債権者が加わる
- 最適なスポンサーが見つかるかは不透明
- 時間や賃金、手間など多くのコストが発生する

――などがあるため留意いただきたい。

ただ、いずれにせよ手法ありきの事業再生は得てして成功しないものである。債務が過剰で事業承継に二の足を踏む企業は、自社の現状を直視して、再生に向けたステップを正しく描くところからスタートすることが大切だ。

第3章 持続的成長へと導く組織構造

1 なぜ「ホールディング経営」が注目されるのか

(1) ホールディング経営とは

近年、上場大手から中堅・中小企業に至るまで、規模の大小と関係なく「ホールディング経営」に移行する企業が増えている。全体的な傾向としては事業承継や周年記念を機に決断するケースが多い。ＴＣＧにおいてもホールディング経営の支援案件が増えている実感があり、企業が成長するためのスタンダードな経営手法として確実に広まりつつある。

歴史をさかのぼると、日本でホールディングス化が進展したのは、直接的には一九九七年の独占禁止法改正による「純粋持ち株会社の解禁」に起因する。それ以前は一九四七年施行の独占禁止法により、事業支配力が過度に集中することを防止する目的で禁じられていた。第二次世界大戦後、当時のＧＨＱ（連合国軍総司令部）が財閥解体の流れから持ち株会社の設立を禁止したのだ。逆の見方をすれば、純粋持ち株会社によるホールディング経営は、（多少の誤解を恐れずにいえば）事業支配力を集中させることで飛躍的に成長できるモデルなのである。解禁以降、ホールディング経営スタイルは一貫して増加しており、その流れは当初の上場企業など大手を中心としたものから、現在は中堅・中小企業にも波及している。

ここでいうホールディング経営とは、親会社であるホールディング会社（持ち株会社）を中心に複数の子会社（事業会社）が事業ポートフォリオを形成し、グループで成長する経営体制を指している。ホールディング会社（以降、ＨＤＣ）が各事業会社の財務リスク管理や戦略立案などを担う一方、各社に権限委譲を進めることで効率的なグループ運営が行える。企業買収や不採算部門の譲渡がしやすく、事業ポートフォリオの最適化（多角化や再構築）をスムーズに行えるほか、親会社が戦略策定や資金調達、人材配置など各事業会社の運営をサポートすることにより、各事業会社は事業に集中できる。事業会社の経営を任せることで、次世代の経営を担う後継者や幹部などの人材育成につなげられるといった利点もある。

(2) 従来型のグループ経営との違い

ＨＤＣは「純粋持ち株会社」と「事業持ち株会社」の二つに大別される。純粋持ち株会社は、各事業会社の株式を保有して経営を統括するだけの会社であり、自ら事業を行わない。他方、事業持ち株会社は各事業会社の経営を統括しながら、自らも事業を手掛けるという違いがある（ただ、一般的にＨＤＣは純粋持ち株会社を指すことが多いため、本書ではＨＤＣについ

図表3-1 ホールディング経営体制

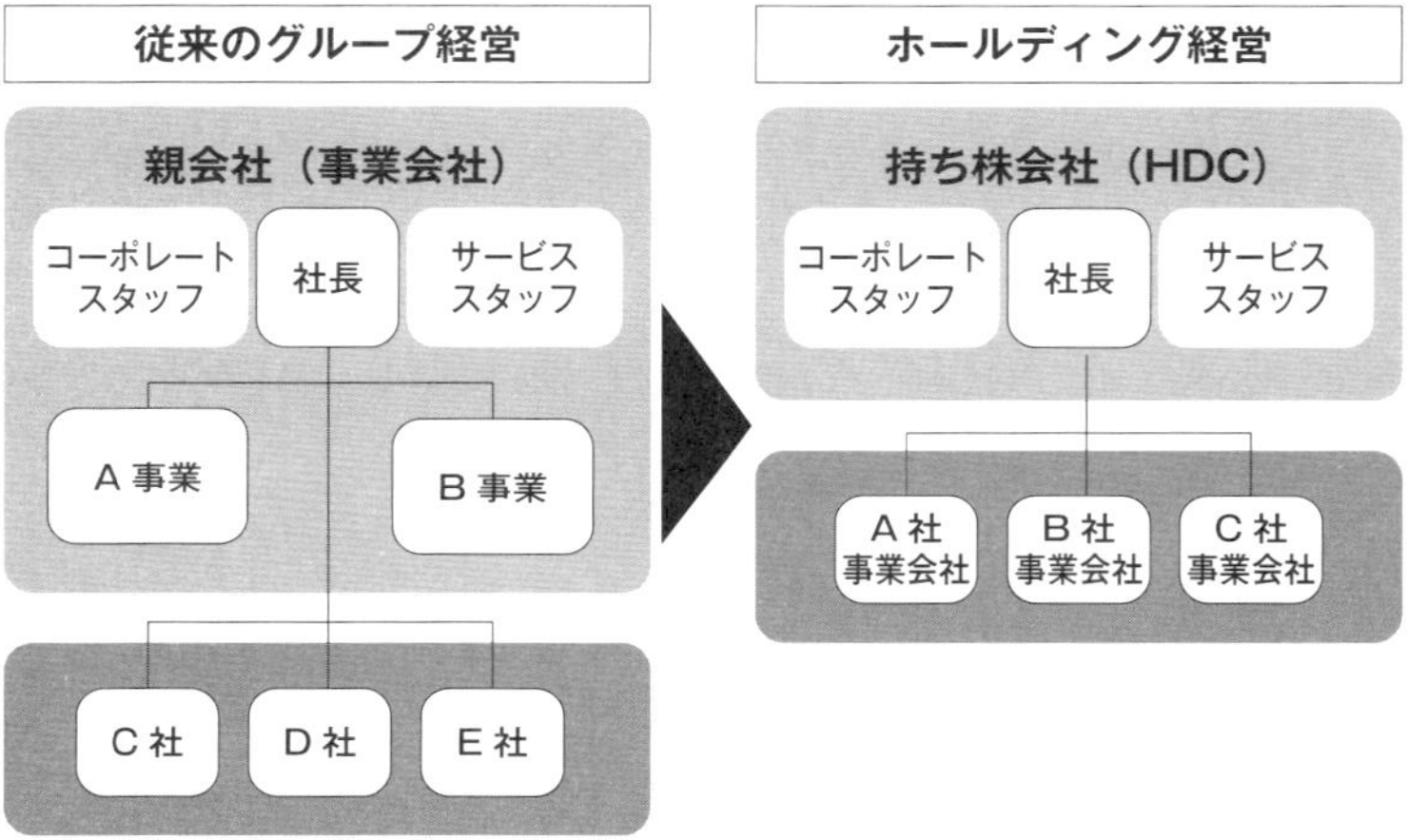

出所：タナベコンサルティング作成

て純粋持ち株会社を想定している）。

「ホールディング経営と従来型のグループ経営は何が違うのか」という声がよく聞かれるが、二つは似て非なるものだ。従来型のグループ経営とは「複数の異なる事業を営む単一の企業、または複数の連結事業体から成る多角化企業」である。親会社はグループ全体の統括機能を有しているものの、「本社（親会社）が支店（子会社）を管理する」という関係性であり、あくまで親会社の事業が「主」で子会社の事業は「従」（関連事業や販売・製造機能など）という位置付けにある。そのため、親会社の業績が第一に優先され、子会社の運営は親会社の戦略に左右される傾向がある。

それに対し、ホールディング経営は「企業グループを統括する持ち株会社と、その傘下に並ぶ複数の事業会社により構成される経営スタイル」をいう。グループ本社機能と事業会社の運営を分離し、HDCは事業の推進に必要な経営資源（ヒト・モノ・カネ・情報）を事業会社に提供するプラットフォームとしての機能・役割に専門特化する。特定の事業の利益ではなく、グループ全体の利益を最大化させる判断が可能となる【図表3-1】。

ホールディング経営はさまざまな業界で採用されており、多角化戦略を推進する企業にとっては特に有効である。とはいえ、なかにはHDCを設立したものの機能や組織がなく、事業会社の株式を保有しているだけで、実体は株式承継での税務対策という単目的のための「ペーパーカンパニー」になっているケースも散見される。正直にいって、これは〝宝の持ち腐れ〟といわざるを得ない。ホールディング経営というプラットフォームによりグループを効果的・効率的に運営できれば、節税効果などはるかに上回る利益が得られるからである。

(3) ホールディング経営の目的と本質

「（ホールディングス化は）デメリットが多いからやめるべき」「意義がないとは思わないが時期尚早ではないか」「やってもやらなくても何も変わらない」「ぜひ積極的に推し進めるべきだ」など、ホールディング体制構築のコンサルティング現場ではクライアント企業の経営陣の間で意見が割れ、何度議論を重ねても合意形成に至らないケースが多々発生する。このような状況は、そもそもホールディング経営の本質に対する共通認識が形成されていないことから生じるものである。

ホールディング経営の目的は一般的に、企業の所有者（株主）と経営者（代表取締役）を切り離す「所有と経営の分離」にあると説明されることが多い。ただ、これは一つの目的でしかない。ＴＣＧが考えるホールディング経営の本質は、「未来に向けて持続的に企業価値向上を目指す組織モデル」である。あくまでホールディングス化はそのための手段であり、ＨＤＣを設立することがゴールなのではない。今も昔も組織戦略の基本は「組織は戦略に従う」である。ホールディング経営も目指すビジョンと戦略が先にあり、その実現に最適な組織形態として選択されるべきである。

「多くの経営人材を育てたい」「複雑化するグループ資本系列を整理したい」「M&A戦略を展開するための受け皿にしたい」「資本である自社株を円滑に承継したい」など、企業がホールディング経営に移行する目的はさまざまである。後継者の育成、事業ポートフォリオの最適化（多角化、M&A）、グループの意思決定迅速化、権限委譲による組織活性化など、目的を挙げ出すときりがない。企業を取り巻く経営環境やグループが抱える事情によっても目的は異なるのだ。ホールディングス化という経営技術を用いて自社は何を達成したいのか。そのビジョンと戦略を整理・再認識することから始め、その後にホールディング経営のメリットとデメリッ

図表3-2 ホールディング経営の効果

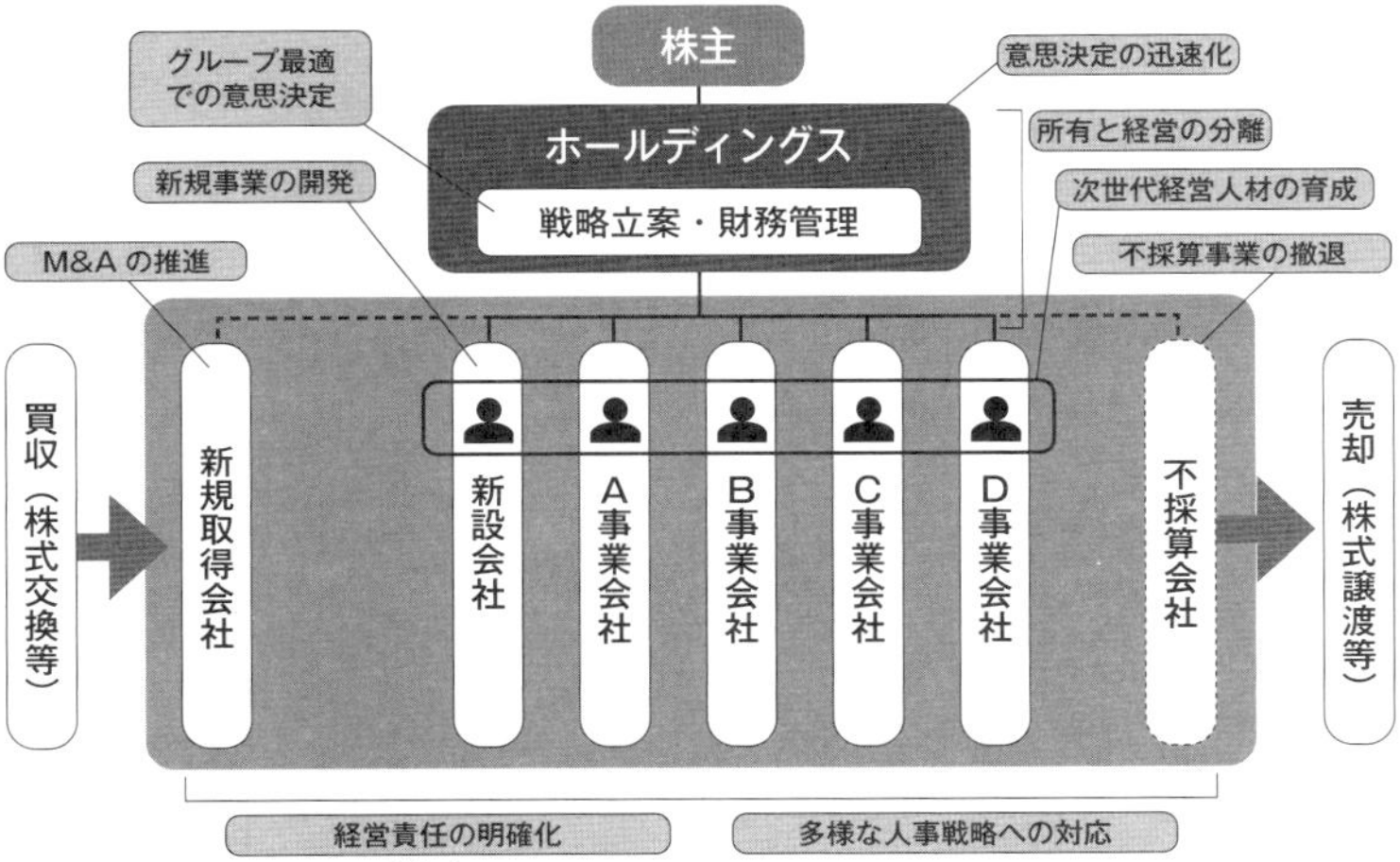

出所：タナベコンサルティング作成

トを比べて検討する必要がある。

自社をホールディングス化するメリットとしては、目に見える形で権限委譲が仕組み化され、自律性の高い事業運営が期待できるほか、HDCが戦略立案、事業会社は実行推進という分業制により、意思決定の迅速化や経営（業績）責任の明確化、経営効率の向上が見込めることだ。また、M&Aを活用した新規事業の買収や不採算事業の売却など事業ポートフォリオ戦略（複数事業の組み合わせによる相乗効果で持続的成長を目指す戦略）を機動的に推進し、成長スピードを加速することができる。財務面では、連結納税制度によって法人税額を低く抑えられるほか、非上場企業の場合は、株価高騰を抑制できるため事業承継対策になる点もメリットといえる。

さらに人材の観点では、優秀な役員や社員に事業会社社長という経営者登用の機会を与えることで組織が活性化されることに加え、「社長」をゴールとした人材育成や採用が可能になり、リーダーが育ちやすい風土を醸成できる【図表3‐2】。

一方、デメリットとしては、意思決定が事業会社に委ねられるため、各社がサイロ化してグループでの連携を取りにくく、一体感も生まれにくい点が挙げられる。また、会社間で部門が重複してコストアップしやすいこともデメリットである。

2 ホールディング経営におけるトップのリーダーシップ

(1)〝メリ・デメ思考〟だけでは決断できない

これまでTCGは数多くの企業のホールディングス化を支援してきたが、その背後にはホールディングス化を実現した企業の何倍に及ぶ〝検討中の企業〟が存在する。ホールディングス化を決断できない企業のほうが圧倒的に多いのである。その分かれ目は何だろうか。

間違いなくいえることは、ホールディング経営への移行を決断する経営者は、自社の企業価値向上と持続的成長に明確な意志を持っているということである。逆に、決断できない企業はホールディング体制のメリットとデメリットを議論することに終始する場合が多い。メリットとは「自社が目指す姿」、デメリットとは「現実的なリスク」である。両者をフラットに議論すれば、どうしても不確実な前者よりも、リアルな後者のほうが説得力でまさる。そのため、意思決定ができないという結論に陥ってしまうのである。

もちろん、メリット・デメリットを比較考量するプロセスそのものが不要だといいたいわけではない。特にデメリットは、ホールディングス化を推進するに当たって重要なリスクである。そのリスクを具体的に認識して、マネジメントレベルで対処しなければならない。すなわち、デメリットとはメリットを実現するために克服すべき課題であり、決断とはその課題との対峙を「腹決め」することなのである。

京セラ創業者の稲盛和夫氏は、「楽観的に構想し、悲観的に計画し、楽観的に実行する」という経営哲学を持っていた。悲観的な夢を描く人はいない。夢は必ず「こうありたい」という楽観的なものである。しかし、いざその夢を実現しようとすると、それを阻む問題がいろいろと発生することが見込まれる。そのため、直面する可能性があるすべてのリスクを想定し、対策を打つ必要がある。したがって、夢を実現させるための計画は悲観的に見ざるを得ない。現実を直視しなければならないのだ。ただし、実行するときは「必ずできるはず」と信じて明るく行動する必要がある。当たり前だが、「どうせできないだろう」と悲観的に行動するくらいなら、はじめからやらないほうがよい。

ところが日本人は、将来を悲観視し、思考停止に陥って、先へ進まずに放置するという傾向が強い。これはホールディング経営に対する企業の姿勢も似たようなものである。「後継者にふさわしい人材がいない」「他社事業を買収できるような資金力がない」「会社の柱になる強みもない」と現状を悲観し、「先行きは暗い」と将来まで悲観してホールディング経営を考えない。考えたとしてもデメリットばかりに目が向いて何も決めない。できない理由をいくら挙げても何も始まらないのである。だからこそ、成熟経済下で事業が伸び悩む中堅・中小企業の経営者は、明るい未来の目指す姿を構想し、それを実現するための計画を悲観的な視点で検討して、楽観的に投資を実行する必要があるのだ。ホールディング経営は、そうした企業が大きく羽ばたく突破口となり得る手段なのである。

(2) 事業ポートフォリオ戦略で成長する

では、ホールディング経営を決断した企業は、なぜそれを選択したのだろうか。この背景には、人口減少と成熟社会という日本特有の経営環境が影響している。日本の人口は少なくとも二〇七〇年まで増加に転じることはないと予想されている（国立社会保障・人口問題研究所、二〇二三年)。当然ながら国内需要は長期的に縮小に向かう。一方、経済の発展に伴ってモノが人々に行き渡り、新規需要や買い増し需要ではなく「買い替え需要」が消費の中心を占める社会となった。一つの事業にヒト・モノ・カネの経営資源を集中投下しても、成長性と持続性で限界が見えてきた。既存のビジネスモデルを変革しなければ、今後の成長は望めなくなっている。

とはいえ、簡単に〝変革〟といっても、祖業や主力事業をむげに捨て去るわけにいかない現実がある。その場合、既存事業と新たな事業との組み合わせによりイノベーションを創出するという発想が重要になる。複数の事業の組み合わせで、より大きな付加価値を創造し、いわゆるシナジー(相乗効果)を得て成長していくための戦略を「事業ポートフォリオ戦略」という。企業が企業価値向上と持続的成長を目指すうえで、この戦略は不可欠である。

現在、地域の中堅・中小企業の多くが、後継者不足やマーケットの成熟化による競争激化などの理由で伸び悩んでいる。都市部の上場大手企業でも、もはや単体では成長を望めない企業が少なからずあるだろう。

一方、企業を個別に見ると一長一短の個性がある。それらを統合することで各社の強みが連携し、それぞれの弱みが補完されて、グループとしてのシナジーが発揮される。こうした企業を長期的なパートナーシップを前提とする友好的なM&Aによってグループに迎え入れ、増収増益を続ける企業は少なくない。最近は、金融機関ではない一般の企業が自己資金で投資ファンドを組成し、ベンチャー企業に投資する「ＣＶＣ」（コーポレート・ベンチャー・キャピタル）も増加しつつある。すなわちＨＤＣがグループ事業とのシナジーを見込める、将来性の豊かなスタートアップ企業に出資し、共同研究・共同開発などを通じてグループ事業を成長させていくパートナーシップモデルである。

(3) サーバントリーダーシップ

このように事業ポートフォリオ戦略で成長する企業は、ホールディング経営を導入していることが多い。株式譲渡・株式交換により、企業の買収や子会社の売却がしやすいからだ。そのためイノベーションを創出するうえで有効な手段として、ホールディング経営を選択する企業が増えているのである。

また、経営者人材の育成を見込んでホールディング経営に取り組む企業も多く見られる。企業が持続的な成長を望むとき、数多くの経営者人材を生み出すことも重要な経営課題となる。企業容の拡大に伴い、一人の経営者が陣頭指揮を執るには限界がある。「企業は社長の器以上には大きくならない」といわれるが、今は一人の経営者の器に頼って成長するような時代ではない。複数の経営者によるグループ連邦経営を行っていくことがホールディング経営モデルの要諦であり、それだけのためにホールディングス化を志向する経営者もいるほどである。ホールディング経営においては、グループを構成する複数の事業会社が、それぞれに配置された経営者の下で自律的な経営を展開していくことが望まれる。

ところで、ＨＤＣのトップは各事業会社に対し、どのようなスタンスを取るべきだろうか。それは今の時代の流れから「サーバントリーダーシップ」が望ましいと考える。サーバントリーダーシップとは、「部下の能力を肯定し、互いの利益になる信頼関係を築くリーダーシップスタイル」をいう。一方的に命令することで動かすスタイルではなく、組織としてのビジョンを示し、部下を信頼することで組織全体の成長を促すのである。

ホールディング体制においても、ＨＤＣのトップはグループとしての中長期ビジョンを示し、それを受けた各事業会社トップがそれぞれの事業を伸ばす成長戦略を立案して実行する。映画にたとえるなら、監督や役者は現場（事業会社の経営陣）に任せ、自ら（ＨＤＣのトップ）はプロデューサーとして現場を支えるスタンスを取るのだ。今後のホールディング経営におけるオーナーシップの発揮の仕方を考えると、こうした関係性が望ましいだろう。

3 ホールディング経営を機能させるステップ

「ホールディング経営は、いっときの流行ではないのか」と経営者から質問を受けることがある。日本ではよく外来語のビジネス用語がはやり言葉のように飛び交い、いつの間にか消えていくことが多い。「ホールディング」という名称も、そんなバズワード（定義や意味が曖昧なまま使われるキャッチフレーズやキーワード）になりつつあることも確かである。だが、前述したように、ホールディング経営のスタイルはこれからの時代の成長に必要なものであり、恒久的な経営体制となり得るものである。

ホールディング経営を機能させるためには、「機能デザイン」、「組織デザイン」、「収益デザイン」という三つのステップで設計・具体化を進める必要がある。

(1)機能デザイン

ＨＤＣに持たせる機能・役割を設計するステップである。具体的には、グループ理念、グループ経営企画機能、グループガバナンス機能、グループマネジメント機能、シェアードサービス

図表3-3 ホールディング体制のイメージ

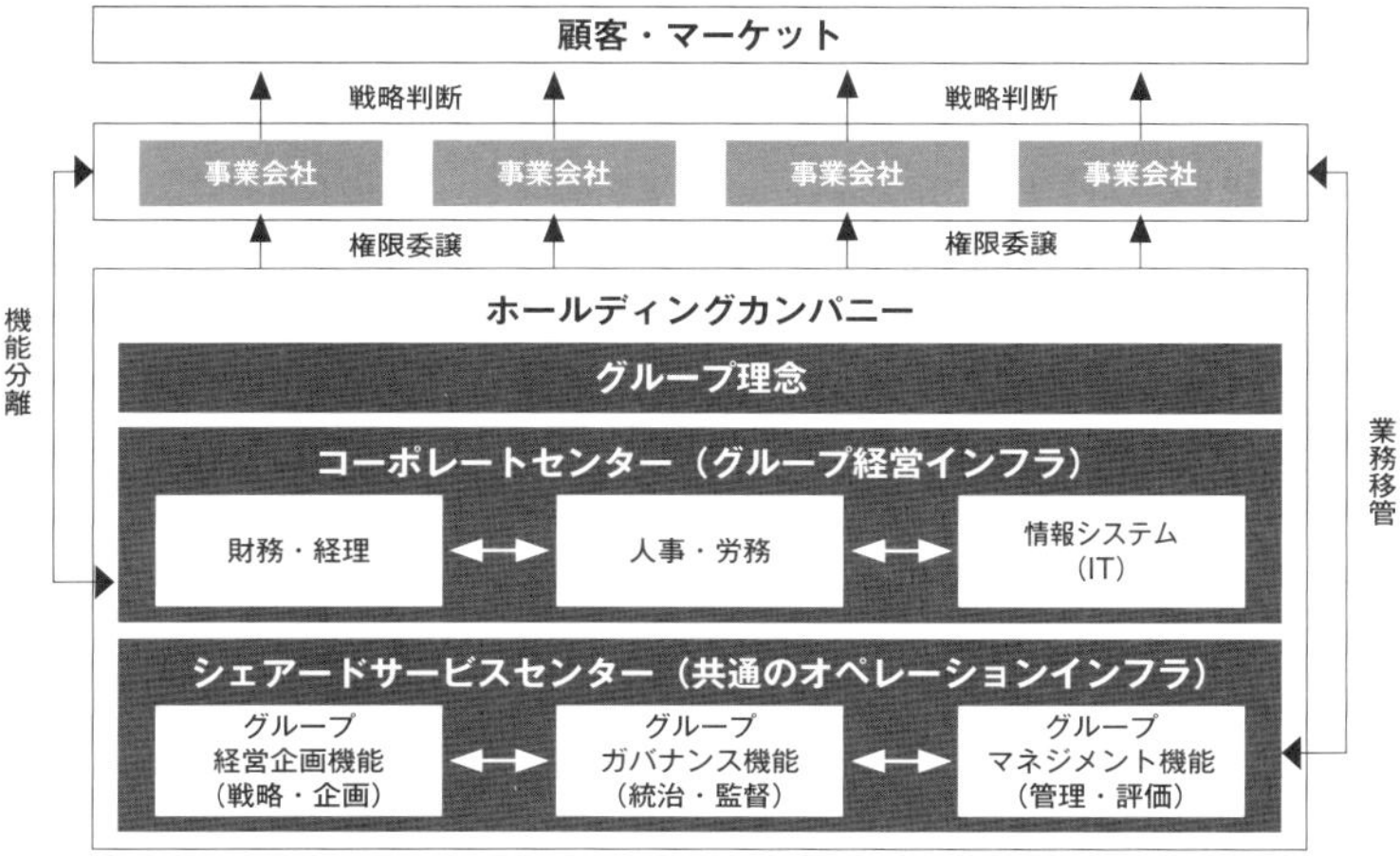

出所：タナベコンサルティング作成

センター（グループ各社の間接業務を集中運用する組織）という五つの機能を自社にどのように実装するかを検討する必要がある。そのためには、各機能を業務レベルに落とし込み、果たすべき役割を具体化することが大切だ。例えば、グループ経営企画機能であれば、「グループビジョンと中期経営計画の策定」や「グループブランディング戦略の立案」、「新規事業開発」などが挙げられるだろう。また、シェアードサービス機能であれば、総務・人事・経理業務をＨＤＣに集約して代行すべき業務範囲の特定を進める必要がある。

　このように、ＨＤＣが担うグループ本社機能をより具体的に設計することが最初のステップである【図表３-３】。

(2)組織デザイン

グループ本社機能を担う組織を具体化するステップである。何をやるかを決めただけで、誰がやるのかを決めないと、何も事が進まないのは自明である。機能を実装するためには、必ずそれを実行する組織や社員が必要となる。経営企画機能を実行する「グループ経営企画室」、シェアードサービスを実行する「グループ管理本部（総務部、人事部、経理部などを統括）」をHDC内の組織として設計し、決めたグループ本社機能を誰が果たすのかを明確にする。よくあるケースとして、人的リソース不足（機能を果たせるスタッフがいない）により、機能を実現できないという問題に直面することがある。この場合は、スタッフの充実と併せて段階的に機能を実装させていくステップを踏む必要がある。

(3)収益デザイン

HDCと事業会社の収益構造を設計するステップである。HDCはグループのコストセンターとしての役割を担うが、当然ながら赤字を続けるわけにもいかない。傘下の事業会社を通じて、ランニングコストに見合う収益源を確保する必要がある。具体的な収益源としては、経営指導料（子会社の経営管理料）、業務受託料（間接業務を代行するシェアードサービス料）、不動産賃貸料（親会社所有の不動産を利用する子会社からの家賃）、配当金（子会社から受領する株式配当金）という四つが挙げられる。もっとも、ＨＤＣがこれらの収益を多く集めるほど、逆に子会社は利益を吸い上げられることになる。ＨＤＣと事業会社の収益構造のバランスを取りながら設計を進める必要がある。

4 ホールディング経営のタイプ

ホールディング体制とは、「企業グループを統括する持ち株会社とその傘下に並ぶ複数の事業会社により構成される組織形態」のことを指す。ホールディングス化はあくまで手段であり、目的ではない。同じホールディング組織であったとしても、その目的や組織デザインは企業固有のものとなる。そのため、ホールディングス化で目指すコンセプトを明確にし、それに沿った組織デザインを行うことが重要である。

ここではホールディング経営のタイプとして、目的別に六つのモデルに分けて紹介していく【図表３－４】。

図表3-4 ホールディング経営の6モデル

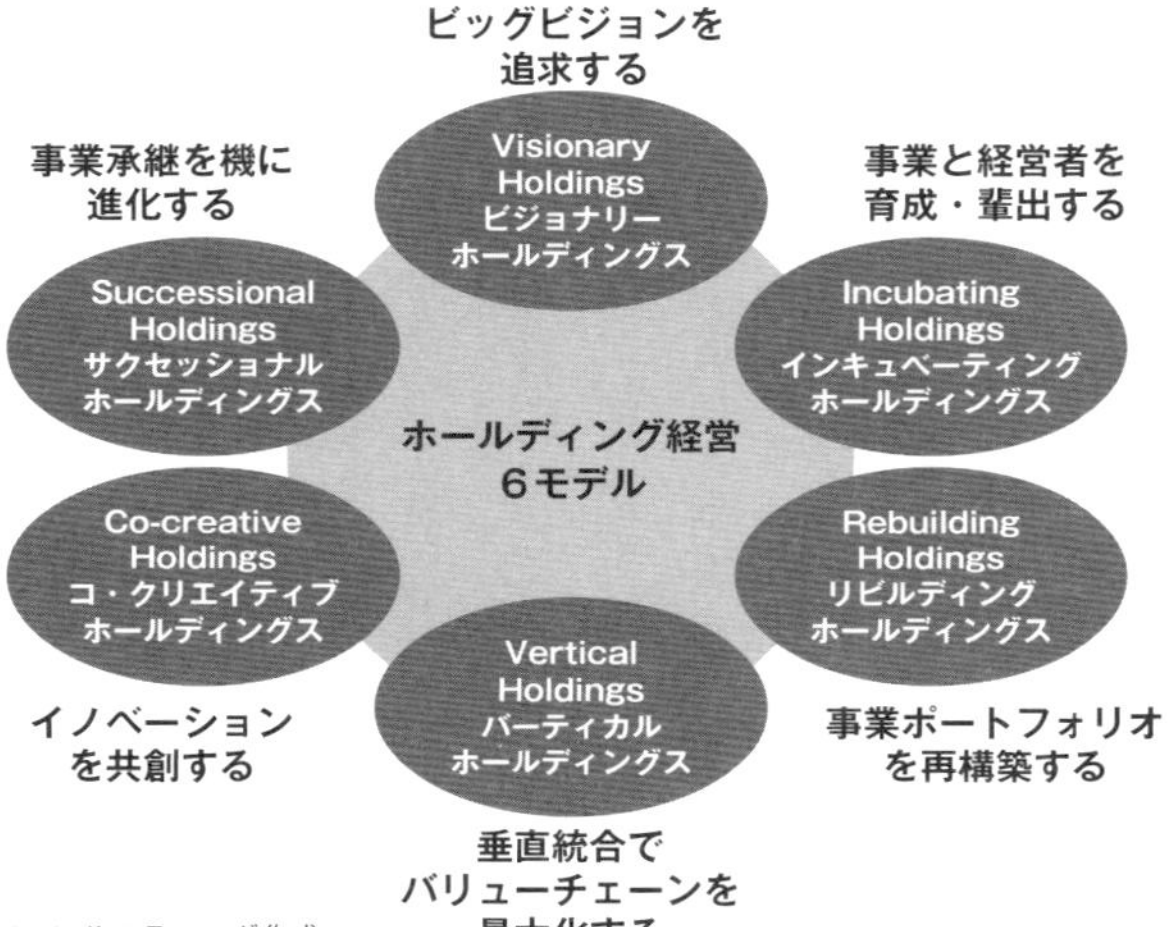

出所：タナベコンサルティング作成

(1)ビッグビジョンを追求する「ビジョナリーホールディングス」

ビジョナリーホールディングスとは、グループでより大きなビジョンを追求するホールディング組織のことをいう。事業会社は顧客・マーケットと直接の接点を持ち、自社の固有技術を磨き上げることが求められるため、そのビジョンは事業固有のものになりやすい。一方、ホールディング組織で描くビジョンは、事業単体ではなくグループ経営体として目指す姿を描くこととなり、事業会社が持つビジョンよりも壮大になる。その視座は社会全体を見渡すレベルまで高まり、視野も既存ドメインやエリアを超越した広がりを持つ。事業会社単体では描けない〝ビッグビジョン〟を、ホールディングス化によるグループ組織で追求することが、このモデルのコンセプトである。

(2) 事業と経営者を育成・輩出する「インキュベーティングホールディングス」

ビジョンを実現するためには、新たな事業を生み出し続けることが必要である。また、事業の数と合わせてグループ内の経営者人材の数を増やしていくことも当然求められる。

このモデルを構築するうえでのポイントは、多くの事業と同時に経営者を輩出するプラットフォームとしてホールディング組織を機能させることである。事業開発機能をホールディングカンパニー内に組成することや、グループ人事制度や教育制度の構築による経営者育成の仕組み化などが具体策として挙げられる。

(3) 事業ポートフォリオを再構築する「リビルディングホールディングス」

ホールディング組織は、多くの事業体がポートフォリオを構成することで成長していくモデルであるが、単に事業の数を増やしていくだけでは全体の生産性は高まらない。事業ポートフォリオを常に最適化し続けるためには、自社での事業開発やM&Aによる事業の増加だけではなく、ときには外部への事業譲渡・撤退という決断も必要となる。

(4)垂直統合でバリューチェーンを最大化する「バーティカルホールディングス」

製品やサービスの外注工程を、M&Aやアライアンスの活用によって自社のグループ内に取り込み、事業のバリューチェーンの川上から川下まで一気通貫する形で垂直統合し、付加価値を最大化するモデルである。例えば、川下の小売り企業が川上のメーカーや川中の卸問屋をM&Aで買収し、物流会社とアライアンスを提携して「適品・適時・適量」の流通体制を整えるなど、すべて自社で完結できるようにすることが挙げられる。

(5)イノベーションを共創する「コ・クリエイティブホールディングス」

イノベーションは、既存のものと既存のものを組み合わせて共創(コ・クリエイティブ)することで生まれる。事業レベルでも同様に、事業同士の組み合わせによって新たな技術や商品が生まれ、グループとしてのバリューシナジーが高まっていく。コ・クリエイティブホールディングスとは、ホールディングスを触媒として、共創によるイノベーションを創出する仕組みを構築するモデルである。

⑹事業承継を機に進化する「サクセッショナルホールディングス」

会社を継いだ後継経営者が、祖業の重みと強みを守りながらもそれを進化させるフレームとして、ホールディング組織を活用するモデルである。

ホールディング経営における重要なコンセプトとして「不易流行」が挙げられる。これは、創業者の哲学に近い経営理念という思想を不変のものとして受け継ぎながら、次代の経営者は新たなビジネスモデルを打ち出して革新していくという考え方であり、企業が長期的に存続する条件である。

不易流行は、「変えてはいけないもの」と「変えなければならないもの」という対極を同時に追い求める矛盾した構造にある。この矛盾を昇華することがホールディング経営の重要なコンセプトになる。理念という「不易」の価値判断基準をホールディングカンパニーが承継し、変化する顧客価値に柔軟に対応するという「流行」の領域を事業会社が受け持つ構造である。

事業承継という大きなイベントを機にホールディングス化し、不易流行体制を構築することにより、新たな企業価値の創造に挑戦する経営スタイルといえる。仮に、引き継いだ事業がレガシー事業であったとしても、新たな事業や企業と組み合わせてブランドを刷新し、オンリーワンの価値を追求することも可能となる。

5 成長と存続の技術としてのホールディング経営

今、ホールディング経営が事業承継のプラットフォームとして脚光を浴びている。具体的には、親族の後継者が不在、または後継者の経営能力に不安がある場合、HDCを設立して資本と経営を分離し、財産・債務はオーナー家で代々継承しながら、同族関係者以外の役員や社員が事業会社の社長となり経営を行う。オーナーにとってはグループの成長と株価の高騰を切り離せるため、長期の税務プランによる安定的な株価政策を講じることができる【図表3-5】。ホールディングス化を単なる「後継経営者への株式承継の手段」と捉えるのではなく、「承継を機に進化する」手段としてホールディングス化を活用するということが大事である。

(1)ホールディング経営のKFS(重要成功要因)

企業が変化するターニングポイントは「不況・赤字・承継」の三つだといわれる。では、承継をターニングポイントとして進化するためには何が必要となるのか。そこで、事業承継を成功へと導くホールディング経営のKFSとして次の三点に整理した。

図表3-5　ホールディング経営で目指すべき将来像を具現化する

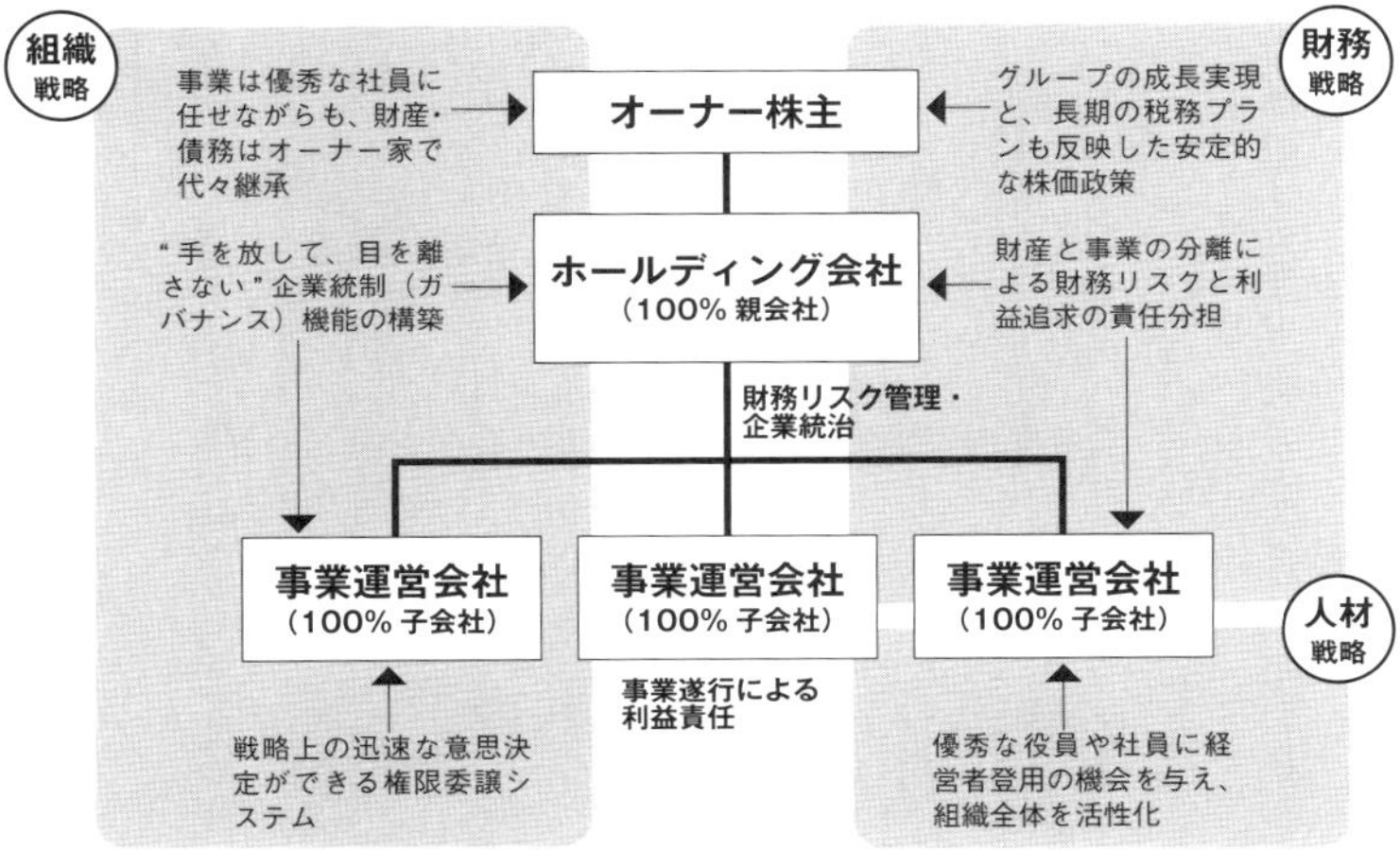

出所：タナベコンサルティング作成

①新たな成長エンジンの獲得

一つ目は、成長戦略としての新たな成長エンジンの獲得である。承継期を迎える企業は、事業そのものが〝レガシー化〟（陳腐化）していることも多い。事業ライフサイクルでいうところの「成熟期」「衰退期」に該当する事業を後継者が引き継ぐことになり、現状の事業の延長線では成長曲線を描くこと自体が難しい。

この状況を打破するためには、やはり新たな成長エンジンの獲得が必要不可欠だ。後継者は新たな経営ビジョンと合わせて、ビジョンを実現する新たな事業ポートフォリオを描かなければならない。そして、事業開発機能やM&A推進機能をホールディング組織のなかで構築・強化していくことがその実現につながるのだ。

②経営者のリーダーシップのあり方を進化させる

二つ目は、経営者自身のリーダーシップのあり方を進化させることである。先代社長と同じリーダーシップの発揮の仕方でうまくいくことは少ない。先代社長の多くは創業者、もしくは実質的な第二創業者であることが多く、自ら企業規模を拡大してきた経験を持つのに対して、後継者の多くはその拡大した状態の企業の経営の舵《かじ》取りを任されることになる。そもそも避けようのない経験値不足というハンディキャップを抱えるのだ。

当然ながらリーダーシップの発揮の仕方は、経営者の固有の性格や、組織カルチャーなどによって最適解が変容するため、唯一の正解はない。ただし、承継における経営者の傾向として、リーダーが指示・命令を行い、部下がそれに従う形で成立するトップダウンの「伝統的リーダーシップ」は成立しにくいといえる。言い換えると、リーダーが部下の意見に積極的に耳を傾け、奉仕や支援をしながら組織の強みを引き出すいわゆる「サーバントリーダーシップ」が求められよう。

また、ホールディング経営は自律分権型の組織である。事業会社の舵取りは事業会社社長へ権限委譲をし、本社においては各機能（人事機能・財務機能・事業開発機能）について各専門人材へ権限委譲を進める。「手を放して目を離さない」というホールディング経営のスタイルを実行する際には、経営者のリーダーシップのあり方自体を見直すことが必要である。

③企業カルチャーの変革に挑戦する

三つ目は、企業カルチャーそのものの変革に挑戦することである。承継期を迎える企業の多くは、良くも悪くもカルチャーが出来上がっている。そのカルチャー自体が成長を阻害するものでなければよいが、実態は現状維持思考、近視眼的、部分最適などの病状を抱えていることが多い。組織は戦略に従うが、戦略は組織のなかで運営されてこそ成果となる。いくら素晴らしい戦略を描き、戦略に適した組織形態を選択したとしても、成功するとは限らないのだ。変化を実現するためには、組織は自由闊達に開発するカルチャーでなければならない。

(2)大きな枠組みのなかで承継を検討する

事業承継が企業のターニングポイントとすれば、その先には「成長」「現状維持」「衰退」という三つの道が続く。ただ、現状維持は衰退の始まりであるため、企業を存続させるためには常に成長を志向しなければならない。

国内市場は多くの領域で縮小しており、コモディティー化（日用品化）がきわめて進んだ現代においては、一つの事業へ経営資源を集中させていても成長は見込めない。持続的な成長を実現するためには、複数事業や機能を組み合わせてセグメントを拡大、あるいはバリューチェーンを最大化することで成長するという発想を持つことが必要不可欠となる。事業や機能が多岐にわたり、そこにエンパワーメント（権限委譲）が実現すると組織にダイナミズム（活力）が働く。この活力こそが企業の成長エンジンであり、逆境といえる環境下でも企業が成長する原動力となる。

事業承継には、経営者の世代交代に加え、組織体制の承継、資本（自社株）の承継など多様な側面がある。事業承継の主な目的は、企業の成長とともに複雑化していく経営体制を発展させ、長期的な存立基盤を築くことである。

「複雑化」とは、経営におけるさまざまな矛盾が錯綜《さくそう》する状態を指す。株価対策のための事業承継など、多様な側面の一つだけを切り取って承継対策を進めると、ほかの面で大きな経営リスクが発生することもある。

複雑化する承継をマネジメントするためには、大きな枠組みのなかでさまざまな矛盾のバランスを取りながら、すべての要素を発展に導くスタンスが求められる。その大きな枠組みこそが、「ホールディング経営体制の構築」である。

ここでは、ホールディング経営における三つの〝両立〟を通じて、長期的な存立基盤を構築するための事業承継の手法を紹介する。

①「親族内承継」と「親族外承継」の両立

世代交代を控えた経営者は、必ず「企業を親族内で承継すべきか、親族外に承継すべきか」という分岐点に立たされる。日本には、古来より「家を継ぐ」という独自の文化があり、企業経営も家を継ぐ過程で承継されてきたという歴史がある。いわゆる「ファミリービジネス」であるが、その文化こそが日本に長寿企業が多く存在する所以《ゆえん》といわれている。

一方、近年では親族外承継が親族内承継を上回る傾向が顕著だ。経営者には卓越したマネジメントスキルが求められるため、承継者を親族だけに限定せず、優秀な幹部社員や外部のキャリア人材まで広げるという発想である。特に、社員から経営者を生み出す体制の構築は、中堅・若手社員のモチベーションにも良い影響を及ぼす。

親族内承継か、親族外承継かという選択に唯一の正解はない。また、必ずしもどちらかを選ばなければならないという決まりもない。それぞれにメリット・デメリットがあるが、双方のメリットを追求する「所有と経営の分離」という選択肢もある。それを実現するのが、ホールディング経営にほかならない。ＨＤＣを創業家が引き継ぎ、長期的な存立基盤を確立しながら、実際の経営はグループ事業会社に優秀な幹部社員を配属し、任せていくという方法である。

売上げの拡大に伴って事業を多角化する企業も少なくない。その場合、事業ごとに会社を分割して、複数の親族外経営者にそれぞれの経営を任せる体制を整えることができれば、事業も社内も再活性化し、持続的成長に向けた基盤となる。

②「権限委譲」と「コーポレート機能強化」の両立

複数の事業会社を親族外経営者に任せる体制を築いても、正しく権限を委譲しなければ本来の目的は達成されない。ホールディング経営の組織的な目的は、「適切な権限委譲により意思決定スピードを高めること」である。ここが不十分だと確認の階層が増えてしまい、かえって意思決定スピードの鈍化を招く。経営環境の不確実性が高まる現在の経済環境において、事業会社は変化に柔軟に対応できるようにしておかなければならず、そのためにも事業会社の一社一社を自立させておく必要がある。

一方、事業会社の自立が原因でグループ組織がバラバラになるような事態は避けなければならない。大きなビジョンに向かって事業会社が相互にシナジーを発揮させることもホールディング経営の目的の一つであり、そのためにグループ本社機能も強化しておくことが重要だ。

これまで、日本の中堅・中小企業の経営は現場主体のイメージが強く、人的リソースを本社機能に重点配分していなかった。現場主体の経営は、経営環境が上昇基調のときは最大限に力を発揮できるが、下降基調になると向かうべき方向が定まらず弱さが露呈する。今後は、本社の戦略（コーポレート）機能にも優秀な人材を重点配分し、グループとして進むべき方向性を定めていく必要がある。

ＨＤＣに戦略機能を配置し、事業会社は権限委譲により自立性を高める。双方のメリットをバランス良く発揮させ、グループとして進化していくのだ。

③「企業成長」と「株価対策」の両立

非上場のオーナー企業にとって、事業承継のなかで避けられない重要課題が「自社株の承継」であろう。日本の税制、特に相続税・贈与税では、企業価値が高まるほど株価は上昇し、税負担が多大になりオーナー経営者を苦しめる構図になっている。この状況は、「三代で財産がなくなる」と表現されることもある。

事業承継の目的は企業の長期的存続にあるが、ホールディング経営においては、企業成長と株価対策を両立させる効果もあり、副次的な目的として検討に値するといえる。

しかし、ここで留意しなければならないのは、株価対策はホールディング経営に取り組む主目的にはなり得ないということである。世の中には、相続税対策としてホールディング経営に取り組むケースが多く見受けられるが、あくまで「経営体制としてあるべき姿を構築したうえで、結果として税務的なメリットも享受される場合もある」くらいの認識でとどめていただきたい。このテーマに関しては、自社の顧問税理士の判断を仰ぎながら進めていく必要があることはいうまでもないだろう。

事業承継は、経営者が一生に一度は経験する重要な経営課題だ。長期的かつ大局的・総合的な目線で自社を捉え、複数の対立する要素がバランス良く両立するように経営をデザインすることが重要である。

第4章

組織を円滑に機能させるグループ経営

1 グループ経営とは

以前の日本の会計制度は、親会社の単体決算を重視する「個別決算中心主義」が採られていたが、二〇〇〇年三月期決算以降、親会社と資本関係（支配従属関係）のある関係会社を含めたグループ全体の経営状態を把握する「連結決算中心主義」に転換し、上場・大手企業の間でグループ経営が重視されるようになった。中小企業（資本金五億円未満）に連結決算を行う義務はないが、連結決算を行う中小企業も増えている。海外子会社がある場合、グループ全体の経営状態の実態把握や透明性の確保による信頼性向上などのメリットがあるからだ。

日本は人口減少に伴う経済成長の鈍化とデジタル情報社会の加速、また製品・サービスのライフサイクルの短命化が進行しており、一業一社で生き残るにはあまりにも厳しい時代に入った。企業は、時代の変化に対応しながら持続的成長を目指す必要があるとはいえ、経営環境は常に逆風である。時代の波と流行の風に乗って成長するベンチャー企業は例外かもしれないが、この経営環境下で順風満帆に事が運んでいる企業を見ることはあまりない。

そうしたなかで成長を続けるためには、M&Aや新事業開発などの多角化戦略を前提とした「グループ経営」が不可欠となっている。本章では、前述したホールディング経営を含めた、これからのグループ経営の姿について述べていく。

(1)グループシナジーが生み出す七つの価値

グループ経営とは、親会社と資本関係のある複数の企業（事業）が、一つの経営体として活動して競争力を高める経営スタイルである。グループ経営の目的は、親会社の繁栄でも、特定事業の儲けでもなく、「グループ利益の最大化」だ。外部環境が急激に変化したとしても、逆境下で耐え得る経営を行うためには、グループ各社（各事業）の方向性を一致させ、単純和ではなく、一体としての相乗効果（グループシナジー）を最大化することが重要である。

そのグループシナジーとしては、主に次の七つがある【図表４‐１】。

①規模の経済

いわゆる「スケールメリット」である。具体的には、大量生産・大量仕入れによるコスト削減（収益改善）効果を指す。生産・販売の増減にかかわらず固定費は一定して発生するため、メーカーは生産量が増えるごとに製品一個当たりの固定費が下がり、利益率は向上する。その一方、仕入れ側はメーカーに大量発注することで単価の引き下げ交渉の余地が生まれる。例えば、原

図表 4-1　グループシナジーの具体例

規模の経済	ブランドの共有	ノウハウの共有
グループ共同購買による単価の引き下げやベンダーに対する発言力の増大	中核ブランドや統一ブランドの共有によるステークホルダーからの認知度向上	獲得した製品技術やサービスノウハウのグループ内における転用・共同利用

経営インフラの共有	バリューチェーンの強化	人員の配置	最適資源配分
シェアードサービスや情報ネットワーク基盤など間接業務や経営インフラの集約・統合	バリューチェーンの水平・垂直統合による営業コストの削減や販売機会の獲得	グループ内での人員再配置によるスキル不足の解消やワークフォースの補完	グループ内資金移動による余剰資金の有効利用や不足資金の補完

出所：タナベコンサルティング作成

材料・間接材（工具・消耗品・燃料など）や定番商品などをグループ各社が共同して一括発注・集中購買すれば、調達コストの削減が見込める。また何度も集中購買を繰り返すことで、メーカーに対する影響力が強まってさらなる値下げや便益を期待できる。

②ブランドの共有

企業は意識しているかどうかにかかわらず、さまざまなブランドを保有している。コーポレートブランド、技術ブランド、店舗ブランド、事業ブランド、商品ブランドなどである。こうしたブランドは個々にブランディングするよりも、グループ各社で相互共有して多様な事業で展開したほうが、ステークホルダーに対するイメージアップや売上げの増加など、より大きなブランドバリューを享受しやすい。複数のブランドによるシナジーで企業価値向上を図ることを「ブランドポートフォリオ戦略」と呼ぶ。

③ノウハウの共有

グループ各社がそれぞれ保有・蓄積・収集したノウハウやナレッジなどを共有することで、これまでにない業務の効率化や技術革新を狙うものである。特定の事業プロセスや機能上の専門知識、固有技術など属人化・暗黙知化した〝見えない知的資産〟をグループ内で相互活用することが利益の創出につながる。例えば、グループ各社の全社員が参加するノウハウプレゼン大会を開催したり、社内報を活用して社内周知を図ったり、社内システムに過去の成功事例を蓄積して誰もが簡単に参照できるようにしたりして、ノウハウ・ナレッジの情報公開を進めるといったことである。

④経営インフラの共有

シェアードサービスや情報ネットワーク基盤など、経営インフラをグループ企業で共有化することで、業務集約化や標準化を一気に加速させるものである。日本企業は往々にして、グループ各社や各部門が別々のシステムやソフトウエアを導入し、グループ全体でデータの連携ができないケースも多い。また、親会社の子会社に対する支配従属関係の意識が強い場合、グループ各社へのインフラ投資が後回しにされ、親子間で明確な格差が存在しているケースも珍しくない。こうなると、シナジーどころか「アナジー（事業間の相互マイナス効果）」が生じて事業の足を引っ張る原因になってしまう。

⑤バリューチェーンの強化

「バリューチェーン」とは、製品・サービスの創出から顧客に提供するまでの価値創造プロセスをいう。グループ各社の機能が一本のチェーン（連鎖）としてそろうことにより、コストの削減や販売機会の獲得につながる。近年、主力事業とのシナジーを狙ってスタートアップ企業を買収したものの、思うような成果を出せていないケースは多い。また、以前はグループシナジーを発揮していた子会社が、グループ事業と関連性の薄い新規の派生事業が急成長し、グループ全体の既存事業との方向性との齟齬《そご》が顕在化したため、事業の売却に至った事例も散見される。

⑥人員の配置

グループ内の人員を再配置し、〝適材・適時・適所〟によって、各社のスキル不足の解消やワークフォース（労働力）の補完を図る。職場でのコミュニケーション促進や社員のモチベーション（仕事への意欲）とエンゲージメント（会社への愛着心）の向上で、「一人＋一人＝三人以上」の能力を発揮してもらうことが可能である。人材の再配置が生み出す組織のシナジーを高めるには、持続的な人材育成投資に加え、組織横断型プロジェクトなど協力・連携体制の構築、適正な人事評価などが必要である。

⑦最適資源配分

グループ内の資金移動により、余剰資金の有効利用や不足資金の補完などが可能となるほか、生産設備や研究所、オフィススペースなどの物的資産を共有することで、設備の稼働率向上やコスト削減につながる。いうまでもなく経営資源は有限である。限りある経営資源をどのように振り分けるか。その差配する技術によって、企業が享受するシナジーは大きく異なるのである。

「グループ利益の最大化」は、言い換えれば「グループシナジーの最大化」を実現することである。そのためには、グループとしてどのようなシナジーを実現するのかを明確に定め、グループ全体に浸透させることが大切だ。「なぜ、資本関係のない個別の企業として生きていくのではなく、同じグループにいるのか」をしっかりと考え、答えを共有することこそが「グループ経営」の出発点となる。

(2)「分社経営」と「グループ経営」の違い

グループ経営を推進するなかで、「陥りやすい罠《わな》」というものがある。それは、カーブアウト(事業の切り出し)やM&Aでグループ会社(事業会社)の数を増やすこと自体が〝目的〟になってしまうことだ。当初はグループ各社のシナジーやガバナンス強化に積極的に取り組んでいたものの、いつの間にかグループ連結売上高の増加に満足し、経営をないがしろにして規模の拡大だけを推し進めてしまう例が中堅企業で散見される。

当然ながら、子会社の数を増やすことがグループ経営ではない。資本や人のつながりだけでなく、本当の意味でグループ経営を実践していくうえでは、グループ会社をコントロールするための経営システム導入が必要となる。特に、海外子会社を有している企業や上場企業レベルの体制構築を目指す企業には不可欠となる。

TCGでは、グループ経営体制を敷いていない企業集団のスタイルを「分社経営」と呼び、グループ経営とは明確に分けている【図表4-2】。外見上は同じようなものであっても、分社経営は同じビジネスを共働する組織同士、一方のグループ経営は同じベクトル(価値判断基準)を共有する仲間同志と、両者は似て非なるものである。

図表4-2　分社経営とグループ経営

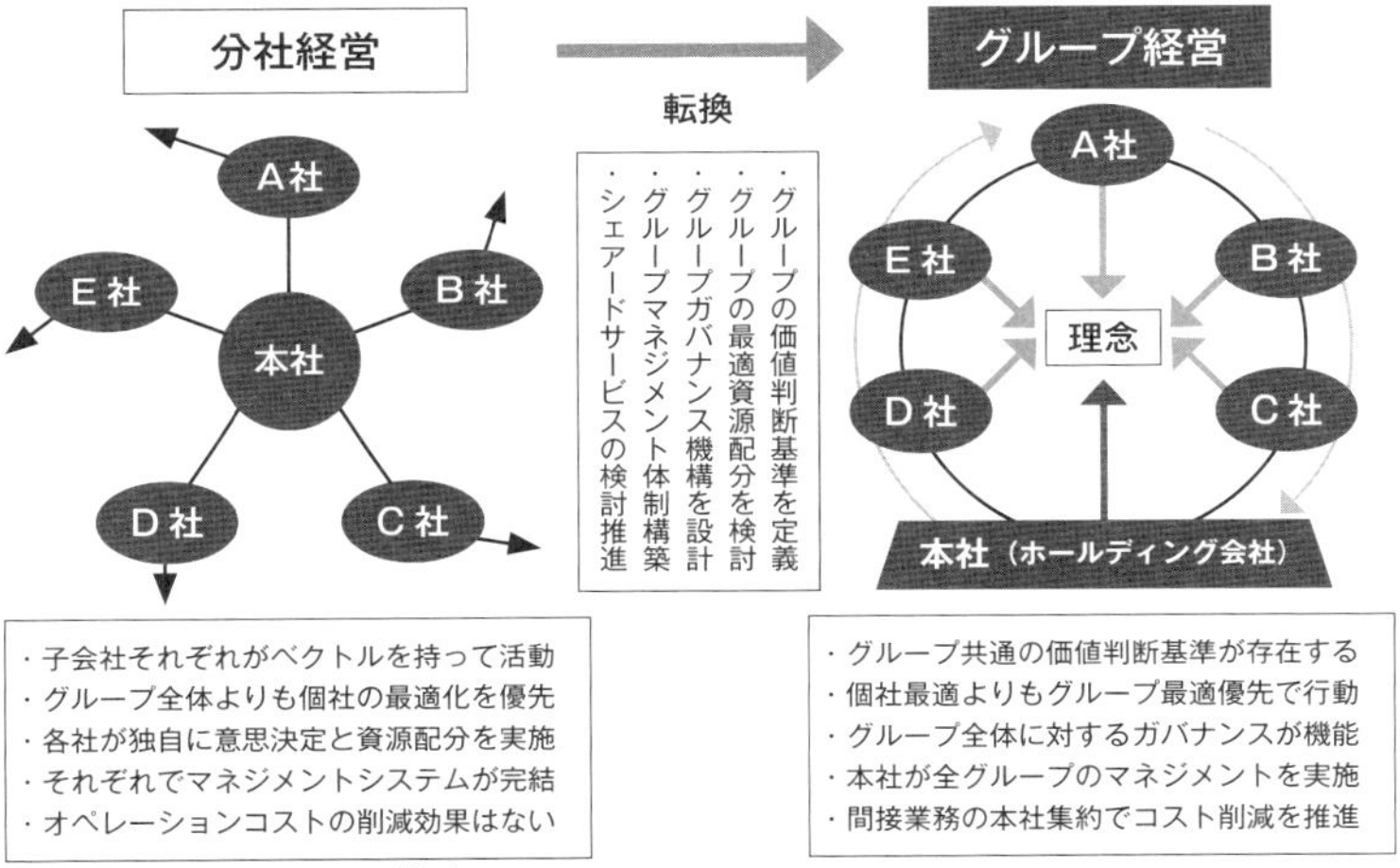
分社経営
転換
グループ経営
A社
B社
C社
D社
E社
本社
・グループの価値判断基準を定義
・グループの最適資源配分を検討
・グループガバナンス機構を設計
・グループマネジメント体制構築
・シェアードサービスの検討推進
A社
B社
C社
D社
E社
理念
本社（ホールディング会社）
・子会社それぞれがベクトルを持って活動
・グループ全体よりも個社の最適化を優先
・各社が独自に意思決定と資源配分を実施
・それぞれでマネジメントシステムが完結
・オペレーションコストの削減効果はない
・グループ共通の価値判断基準が存在する
・個社最適よりもグループ最適優先で行動
・グループ全体に対するガバナンスが機能
・本社が全グループのマネジメントを実施
・間接業務の本社集約でコスト削減を推進

出所：タナベコンサルティング作成

グループ経営は、特に海外展開やM&Aで成長・拡大を目指す企業にとって不可欠なスタイルとなっている。国内の事業会社だけにとどまらず、海外事業の管理レベルを上げ、グループ全体のシナジーを効率的に高めることが求められる。また、グループ全体に関わる意思決定のスピードアップも重要だ。グループ全体の理念やビジョンを掲げて、経営企画機能を確立することがグループ企業の競争力の源泉になる。

グループ経営を実現するには、グループの本社機能をつかさどるHDC（ホールディング会社）がポイントとなる。すなわち、グループ経営のプラットフォームとしてホールディング経営をデザインしていくのである。

(3) 求心力と遠心力をバランスさせるグループ経営

「建て増し型のグループ組織」ともいえるホールディング経営は、企業規模の拡大とともにマーケットに近いラインへ権限を委譲していく「分権型」の経営スタイルである。以前のホールディング経営は、オーナー経営の非上場企業による相続税対策の側面が強かった。だが、近年はオーナー企業でも「自社を成長させたい」「経営者人材を多く育てたい」など本質的な目的を持ってホールディング経営に移行する企業が増えている。

事業会社が柔軟な発想で自立性の高い経営を行いつつ、HDCはグループ全体の大きな方向付けと事業に必要な経営資源の供給、そしてグループガバナンスに徹する。このホールディング経営をベースとしたグループ経営のスタイルを、TCGでは「プラットフォーム型ホールディングス」と呼んでいる。

ホールディング経営を絵に描くと、HDCを中心に複数の事業会社が並ぶという親子の支配関係に似た構図になりがちである。特に老舗企業や成熟企業は、頂点に君臨する親会社を子会社が下から支える三角形のヒエラルキー構造であることが多い。だが、プラットフォーム型ホールディングスで描くグループ経営のイメージは、そのようなトップダウン型ではなく、HDCが土台（プラットフォーム）となって主役の事業会社を支え、事業会社に必要なヒト・モノ・

カネ・情報・ブランド・ノウハウといった経営資源を供給する。各社はグループ理念に基づいて事業プランを練り、主体的に事業活動を展開する構図である。

事業会社がマーケットニーズに即応しつつ、HDCは外部環境の変化に応じて新事業開発やM&Aに投資し、事業ポートフォリオを柔軟に組み換えていくことが重要となる。その際は、事業と同じ数だけ経営者人材も必要になる。次代の経営を担う多様な人材が生き生きと活躍できるような環境づくりのため、HDCが事業会社の間接業務をバックアップしていくことが望ましい。また、事業会社がグループのレギュレーションから逸脱しないようなガバナンス体制の構築も外せない。

ただ、事業戦略の策定やマネジメントの権限の多くをHDCが保持していたり、HDCと事業会社の社長を同一人物が兼任していたり、事業会社の現場レベルの人事権までHDCが掌握していたりするなど、事業会社が自立しているとはいいがたいホールディンググループもまだ多く見受けられる。

グループ経営のキーワードは「求心力」と「遠心力」である。求心力は、グループの結束を固める理念を示し、社員の心を引き付ける力のことをいう。それがグループ経営としての一体感やカルチャー、モチベーションを生み出し、社員が生き生きと活躍する。一方、遠心力とは、事業会社に権限委譲を進め、求心力をばねにそれぞれが自立性・柔軟性を発揮して成長する力をいう。この二つの原動力をバランス良く両立させる土台（本社）が必要なのである。

ＨＤＣを活用したグループ経営の事例として、建設会社Ｅ社を紹介したい。Ｅ社は二代目の後継者が承継したものの、長年〝ゼロ成長〟が続いており業績が頭打ちになっていた。新社長は現状を打開するため、まずＨＤＣを設立し、工種の幅を広げる目的で同業の建設会社Ｆ社を買収した。業績は上向いたが、建設業の構造的な課題ともいえる人手不足に直面した。

そこで新社長は人材斡旋《あっせん》会社であるＧ社を買収。Ｇ社は建設業の職人の雇用に強く、国内だけではなく海外人材の雇用にも力を入れていた。そのＧ社を傘下に引き入れ、グループ内に職業訓練校を設立。海外から雇用した人材を職人として自社で育成し、グループ内で活躍してもらうという流れをつくり、今ではグループ連結で三〇〇人を超える規模となっている。また、活躍人材を元請けのゼネコンなどにも派遣し、人材の雇用→育成→活躍→供給という人材のバリューチェーンを構築した。複数事業をつなげることで新たな価値を生み出した好事例である。

プラットフォーム型ホールディングスによるグループ経営は、一つ一つの事業会社が成熟事業でも、ほかの事業と組み合わせることで新しい価値を生み出すことができる。また権限委譲による分権スタイルで、従前の価値よりも次元の高いレベルに進化させることが可能である。グループ全体で多くの社会課題の解決に取り組むことで、企業としてさらに進化・成長するという善循環が成長戦略の新たなセオリーになっている。

2 グループ経営を推進する五つのテーマ

グループ経営の実現に必要な経営システムについて述べていく。TCGではホールディング経営のプラットフォームを通じて、五つのテーマを実装し経営のPDCAサイクルを回していくことがグループシナジー最大化のポイントであると提言している。

グループ経営で何より大切なのは、グループが向かう方向性（ベクトル）を合わせることである。そのために求められるのが、次の五つの機能を確立することである【図表4-3】。

⑴グループ理念体系

一つ目のテーマは「グループ理念体系」の確立である。事業会社がM&Aでグループインした場合はもちろんのこと、本社事業部からの分社化により設立された場合においても、各事業会社に経営理念やそれに近い考えはすでに設計されていることが多い。ここでのポイントは、グループ全体のアイデンティティーとしてパーパス、ミッション、ビジョン、バリュー（PMVV）というグループ理念の体系を明確にすることだ。グループシナジーの最大化を目指す以

図表4-3 グループ経営推進のテーマ

出所：タナベコンサルティング作成

上、目標や価値観が共有されていることは当然であり、グループ理念の共有はグループ経営を目指すうえでの〝一丁目一番地〟である。

(2) グループ経営企画

二つ目のテーマは「グループ経営企画」の実装である。単一企業においても経営企画機能を設置する企業は増えているが、グループ経営においてはより経営企画機能の重要性が増してくる。経営企画機能の目的は、グループに横串を通して戦略を推進させていくことにある。具体的にはグループビジョンのマネジメント、事業ポートフォリオ（資源配分）の決定、グループ事業計画（予算）の策定、グループブランディングの運用といったルールを設計し、仕組みを構築することである。

(3) グループガバナンス

三つ目のテーマは「グループガバナンス」の設計である。ガバナンスという言葉の意味は統治や管理を行うことであり、グループガバナンスの機能は規定・ルール設計や意思決定プロセスの整理、権限と責任の明確化によってコンプライアンス（法令順守）やリスクマネジメント（危機管理）に対処していくことである。具体的には、HDCとグループ企業（事業会社）のどちらにどこまでの責任と権限を持たせるのか、その意思決定プロセスをどうするのか、会議体も含めて設計する。それ以外にも、事業会社の監査制度なども含めたグループ諸規定の整備が必要である。

(4)グループマネジメント

四つ目のテーマは、グループ全体を管理・評価する「グループマネジメント」機能である。具体的には、事業会社の業績向上を実現するマネジメントシステム、すなわちグループ管理会計システムやグループ業績マネジメント、グループ人材マネジメント、グループ資金運用管理システム（CMS）などの構築である。その際には、どの部分をどこまでシステムによって仕組み化するかも見据えた設計が不可欠だ。

(5)シェアードサービス

五つ目は、共通オペレーションの集中処理を実現する「シェアードサービス」機能の設計である。グループ全体におけるオペレーション業務（間接業務）の集中化と効率化が目的だが、当然、事業会社で実施したほうがよい業務もあり、一概にすべてを集中化する必要はない。どこまでの業務をＨＤＣが引き受けるかを判断する。一般的には財務会計、債権回収管理、労務管理、給料関係、ＩＴインフラなどをＨＤＣに集中化することが多い。

3 経営スタイルと組織成熟度に合わせた機能構築ステップ

グループ経営システムの構築は、現状の経営スタイルや組織成熟度によって制約される。単純に規定やルールをつくっても、適切に運用されなければ無理・無駄が生じ、本来の目的である「グループ経営による競争力発揮」は実現できない。グループ経営システムの構築のポイントを段階別に解説する。

(1) 導入段階

グループ経営システムの導入段階では、社長が自らの経営判断に基づいて意思決定を行う、いわゆる「ワンマン型意思決定スタイル」であることが多い。ワンマンの意思決定自体が悪いわけではないが、経営判断を社長に依存してしまうことはリスクである。そのため、組織で経営する体制の整備を考えなければならない。

この段階でのグループ経営システムの構築コンセプトは、「組織経営に向けたグループ経営機能の強化」である。まず、社長に集約されている権限と責任を役員陣・経営幹部に委譲するため、ガバナンス機能・マネジメント機能を整備していく。また、社長のビジョンを組織で具現化するための経営企画機能を設計し、社長の判断基準を組織や機能に移植することがポイントである。

第一ステップは、グループ理念体系の再定義である。経営理念に基づいたパーパス、ミッション、ビジョン、バリューを、グループ全体を包括した体系へと昇華させる必要がある。社長の思いをグループの理念体系として可視化し、組織に共有することから始まるのである。第二ステップでは、トップが担っているガバナンス機能を経営システムへ移管していく。ワンマン経営ではすべての情報がトップに集約され、トップが判断し、マネジメントコントロールもトップ主体で遂行されるため、運用レベルの決裁権限を幹部メンバーへ委譲することを前提とした仕組みに変更していく。この際、価値判断基準のずれを不安視する社長は多い。そのためトップの価値判断基準を「経営者憲章」として可視化することも重要である。

(2) 初期段階

ワンマン型意思決定スタイルから組織経営へと移行させ、役員・幹部の意見を交えた経営判断に基づいて社長が意思決定を行うという、いわゆる「参画型意思決定スタイル」へ進化した次の段階は、「スタッフの充実とグループ経営システムのプラットフォーム化」をコンセプトに体制を構築していく。

この初期段階では、これまでの延長線上の仕組みではなく、新たな組織体制を導入することになる。まず、経営企画やガバナンス、マネジメントなどグループ経営の強化すべき業務に対して専任担当者を配置し、各業務内容をアップデートして人材のプロフェッショナル化を図る。各機能担当者には他の業務を兼任させない。安易に兼任で担当させてしまうとどちらの業務も中途半端になり、うまく機能しないからである。

とはいえ、重点業務に既存の人員を当てはめていくと、どうしても人材不足に直面する。そのため、どのような業務を任せる人材が不足するかを明確にして、人員を補充することが重要になる。しかしながら本社費の負担増加につながる本社管理部門の人員補充を避ける企業が多く、本社の人材不足は既存人員の兼任で業務を回そうとしがちである。だが、グループ経営システムを推進する人材は全社の成長と安定を担うコアパーソン（中核人材）であり、人員補充なくして推進はできないといっても過言ではない。

一方、スタッフの専任化・補充を進めた後に仕組み化を進める。つまり、運用のルール、マニュアル、チェックリストをつくるなどして、「特定の誰か」しかできないことを「誰でも」できるようにする。また、グループ内の間接業務を可視化し、業務プロセスの標準化を前提に業務を受託するシェアードサービス体制を整えていく。

(3) 推進段階

グループ経営がさらに進むと「分権型の意思決定スタイル」が定着する。この段階のグループ経営システムの構築コンセプトは「人に依存しないプラットフォームの厳格運用」である。初期段階においては専任化と人員補充・仕組み化を進め、人に依存してでもプラットフォームとして立ち上げることをまず優先させるが、この推進段階では担当部門・チームがプラットフォームとして専門価値を発揮している状態をつくらなければならない。

この段階で重点的に強化すべき機能は、グループ経営企画とグループガバナンスである。経営企画機能としては、M&Aを含む成長戦略の設計・評価・支援、デジタル戦略の検討、マーケティング、ブランディング、デザイン経営などの強化を図り、グループの中枢機能として進化させていくことが重要になる。またガバナンス機能としては、コーポレートガバナンス・ポリシーの可視化、事業会社への監査体制の整備、コンプライアンス推進体制の強化など、健全な企業経営を推進するための社内管理体制を整備していく。併せて、シェアードサービス機能の効率化・専門化を図り、費用対効果を最大化させることも欠かせない。

(4) 発展段階

グループ経営システム構築の最終段階は、経営を監視するコーポレートガバナンスの仕組みをつくることである。上場する、しないにかかわらず「上場企業レベルのグループ経営システムプラットフォームの運用」をコンセプトに整備を図る。

特にポイントとなるのは、コーポレートガバナンス・コードやデジタルガバナンス・コードの原則に基づく運用状況のフィードバックや適切な情報開示、役員会監査・取締役監査体制の整備など、経営にけん制がかかる状態を整えることである。

各段階でのグループ経営システム構築のコンセプトとポイントを参考に、複数の企業がグループとして活動することで競争力を高める「真のグループ経営」を推進してほしい。

4 意思決定を迅速化するセグメント会計

(1) セグメント会計で「経営を見える化」する

グループ経営によって事業規模が拡大すると、必然的に企業の事業部門や扱うソリューションは増えてくる。しかし、グループ全体の業績だけでは事業別の状況が把握しづらい。そのため、各事業単位、あるいは業績を評価する単位であるセグメントごとに会計を行う「セグメント会計」が必要になってくる。

セグメント会計を導入する最大の目的は、経営における意思決定の迅速化である。業績管理体系を部門・商品・得意先などのセグメント別に分けることで、経営者・幹部が自社の経営実態を適時理解できるよう、「経営を見える化」するのである。

【図表4-4】は、全社の業績は黒字であるものの、セグメントごとに分けた際に一部の部門（c部門）が赤字となっている事例である。a部門とc部門の売上高は同額だが、売上原価はc部門のほうが高い。よってc部門には、コスト削減や費用対効果を高めていくなどの対策が必要

図表4-4　セグメント会計の例（単位：千円）

	A社	セグメント		
		a部門	b部門	c部門
売上高	4,000	1,000	2,000	1,000
売上原価	2,500	500	1,200	800
粗利益	1,500	500	800	200
管理可能費	1,000	200	500	300
貢献利益	500	300	300	▲100
管理不可能費	200	100	50	50
（本社費配賦）	（100）	（50）	（20）	（30）
経常利益	300	200	250	▲150

出所：タナベコンサルティング作成

なことがわかる。

全社の業績管理のみにとどまってしまうと、こういった赤字部門の所在が見えず、誤った意思決定を行ってしまう可能性がある。セグメント会計を導入することで、部門ごとの業績を把握し、自社の実態に沿った経営判断を行うことができる。

セグメント会計を実施するには、まず「管理するセグメントをどのように決定するか」が重要なのである。

では、管理するセグメントをどのように決めればよいかを解説していく。まずは、顧客・商品・事業・部門など、業績管理を行う単位の設定から始めていただきたい。また、経営者自身が自社の実態業績の評価・管理を行うために、事業の構成単位ごとで分ける「マネジメント・アプローチ」に沿ったセグメント決めも有効である。マネジメント・アプローチを行うメリットは、次の三点だ。

●経営者の意思を反映しやすい

●すでに作成されている財務情報を基にしているため、追加投資が比較的少ない

●実態の組織構造に即しており、恣意《しい》性が入りにくい

経営者の思いを事業ビジョンに反映するためには、経営理念などを通じて社員に発信する手法が一般的であるが、マネジメント・アプローチで管理会計上に事業ビジョンを反映すれば、定量的な視点からも経営者の思いを発信できる。

また、財務会計上の値を基に作成できることから、会計システムの再構築や人員増加などの追加投資が比較的少ない。組織・管理体制の整備で事足りるため、導入が簡単で効果も出やすい。

このように、マネジメント・アプローチに沿ってセグメントを決定することで、事業戦略策定の材料として活用し、企業成長の一端を担うことが可能となる。

一方で、全社の業績結果を示す財務会計とは異なり、セグメント会計を含む管理会計においては、業績管理と評価上細分化された予実績を、財務会計の数値とある程度まで合わせる必要がある。計算基準や活用する目的が異なるため、財務会計と管理会計の数値を正確に合わせることは困難であるが、極力近づけることが重要である。

(2) セグメント会計の効果を最大限に高める運用設定

セグメント会計導入のメリットとして、セグメント別での詳細な業績差異の要因分析と、その分析に基づく推進計画の立案に生かせることが挙げられる。

例えば、顧客ごとにセグメントを分ける場合、「適切な販売単価や数量であるか」「厳しい値引き要求で目標利益を大きく下回っていないか」などをチェックすることができる。売上げの構成要素と「適切なコスト配分かどうか」を分析することで、利益率の高い得意先への営業力を強化したり、粗利益率の低い取引先に対しては取引条件の改善を働きかけたりするなど、顧客別に戦略を実行することも可能になる。

また、商品ごとにセグメントを分ける場合、商品ごとの粗利益率や販売数を把握することで、現状の売れ筋商品・利益率が高い商品の販売強化など、今後の販売戦略に生かすことができる。

なお、セグメント会計を事業戦略策定に生かすためには、セグメント会計のスムーズな運用体制の構築が必要となる。まずは、次の二つのステップで進めていくとよい。

①管理会計ルールの整備

セグメント会計を用いた業績評価には、公平な配賦ルールの設定や会計データの整備が欠かせない。本社と部門間の配賦ルールは、構成比による売上高基準や営業利益基準、経常利益基準を基に設定する。

次に、本社費予算を設定し、本社にも利益責任（経費管理責任）を負わせることで、業績管理の一部であるコスト意識を高めるとともに、経費に関する責任の所在を明確にすることが可能となる。

②セグメント会計の運用

セグメント会計の目的であるタイムリーな業績評価・管理を実現するには、データの収集と収益の早期化が必須である。業務改革や会計システムの見直し・構築を早急に進めることが重要だ。

セグメント会計は、自社の実態を迅速につかみ、経営の意思決定を行ううえで重要な手法である。まずは、マネジメント・アプローチに沿ったセグメント決定を行い、自社の管理会計上の経営課題を明らかにする。そこから、管理会計ルールの作成やセグメント別での業績管理体制を構築していただきたい。

5 業績先行管理で未来をマネジメントする

(1) 未来視点で業績を伸ばすマネジメント手法

企業における業績管理の仕組みは、大きく三つのレベルに分類できる。

一つ目は、「遅行管理型マネジメント」である。マネジメントレベルが弱く、月次決算の完成に一カ月前後かかるケースだ。特徴は、結果管理にとどまり、「業績が良ければ社員を評価、悪ければ指摘」の繰り返しに終わることである。業績状況を把握するまでに時間がかかり、対策が遅れて目標を達成できないケースも少なくない。

二つ目は、「同時管理型マネジメント」だ。月次決算がタイムリーに把握できる程度のマネジメントレベルである。現状から見える課題を業績対策案に即反映できるという意味では効果を期待できるものの、プロセス管理にとどまってしまうケースが多く、対策の範囲は限定的だ。

三つ目は、「先行管理型マネジメント」である。三～六カ月先を見通して、顧客または案件情報を管理できることが大きな特徴だ。

図表 4-5 先行管理型マネジメントの例（現時点：9月上旬／単位：万円）

	8月		9月		10月		11月	
	単月	累計	単月	累計	単月	累計	単月	累計
目標（予算）	1,000	5,000	1,000	6,000	1,000	7,000	1,000	8,000
実績	900	5,000		5,000		5,000		5,000
見込み		0	1,100	1,100	900	2,000	800	2,800
実績＋見込み	900	5,000	1,100	6,100	900	7,000	800	7,800
差額	-100	0	100	100	-100	0	-200	-200

	12月		1月		2月		3月	
	単月	累計	単月	累計	単月	累計	単月	累計
目標（予算）	1,000	9,000	1,000	10,000	1,000	11,000	1,000	12,000
実績		5,000		5,000		5,000		5,000
見込み	1,000	3,800	900	4,700	800	5,500		5,500
実績＋見込み	1,000	8,800	900	9,700	800	10,500	0	10,500
差額	0	-200	-100	-300	-200	-500	-1,000	-1,500

出所：タナベコンサルティング作成

自社の業績目標を達成するためには、過去の数字を眺めていても前に進まない。当たり前であるが、未来に向けて行動することが業績をつくることにつながるのだ。ＴＣＧは、未来視点で業績をつくる「業績先行管理メソッド」を多くのクライアント企業に導入している。業績先行管理メソッドとは、実績（現在確定している累計金額）に見込み（三〜六カ月先行の見込み情報を基に算出した累計金額）を加え、目標とする累計金額との差額（真の差額）を把握し、そのギャップを埋めるための対策を推進することである。

これを数式で表すと、「真の差額＝累計目標－（累計実績＋累計見込み）」となる。先行管理すべき業績は営業利益であり、営業利益目標を達成するための取り組みを継続しなければならない。

【図表４‐５】をサンプルに業績先行管理メソッドを説明しよう。現時点を九月上旬とし、六カ月先行で業績先行管理を行う場合、真の差額は二月末累計時点のマイナス五億円になる。「九月末時点では目標を達成している」という目線ではなく、先行六カ月間で埋めるべき五億円の差額対策を未来志向で推進することが重要だ。

(2)営業部門と生産部門の業績先行管理のポイント

営業部門における業績先行管理は、「受注型」と「見込み型」でポイントが異なる。

受注型は、建設業などをイメージすると理解しやすいだろう。単発の案件を中心に業績を生み出すビジネスモデルである。業績先行管理期間は三カ月で、真の差額を埋める（三カ月後の目標を達成する）ために必要な案件情報（リード）金額は、差額の三倍以上だ。

差額を埋める対策のポイントは三つある。まず、案件のステップを決め、状況・情報をマネジメントする。次に、キーパーソン・予算・タイミング・ライバル動向を押さえるための行動計画を具体化する。最後に、受注確定に向けた動きをマネジメントしていくと同時に、見積もり件数と受注率をＫＰＩに設定する。

見込み型は、卸売業など、一度取引が始まると季節変動や景気動向などの上下はあるものの、需要予測を基に業績をつくることができるビジネスモデルである。

このモデルは、対策を始めてから取引を開始するまでに一定の時間を要することが多いため、先行期間は六カ月が望ましい。また、真の差額の二倍以上の案件情報（リード）金額が必要だ。

差額を埋める対策のポイントは二つ。製品・サービス別の対策を立て、先行で実行することと、顧客の動向・情報をマネジメントしながら需要予測の精度を高めていくことである。

生産部門における業績とは粗利益を指す。営業部門との情報連携を密に行って生産性を最大化し、コストマネジメントを図りながら粗利益を最大化することが生産部門の業績責任ともいえる。

生産部門における業績先行管理のポイントは、営業部門から情報を集めるための仕組みづくりの確立である。生産と販売のバランス、投入と出荷のバランスが可視化されてからマネジメントは始まる。

営業部門の販売情報を基に、一カ月程度の大日程計画、週単位の中日程計画、日単位の小日程計画と、期間ごとの先行生産計画を作成する。まず大日程計画でシフトを組み、中日程計画で当初の予定と急きょ対応すべき案件を調整して生産性を最大化。小日程計画で当日の生産目標を計画する。

狙いは、生産部門のコスト変動要素で最も大きい生産量と労務費のコントロールにある。先行計画を踏まえて、一時間当たりの人時生産性をどのように高めるかが生産部門の業績管理と直結する。また、繁閑差のコントロール、内製・外注のバランス基準、設備の稼働率についてもマネジメントするのがよい。

(3) 業績先行管理の本質は「情報のマネジメント」

業績を先行管理するうえでは、営業部門・生産部門の先行管理情報（金額）を踏まえて、全社の営業利益をマネジメントすることが重要である。また、各事業が生み出すキャッシュフローを最大化させるための先行資金マネジメントの仕組みも欠かせない。

業績先行管理がうまくいかない企業では、「金額」を管理してしまっていることが多い。だが、業績先行管理の本質は「情報のマネジメント」だ。受注・売上げ確定に向けて、顧客情報、製品・サービスの情報を動かすためには、社員一人ひとりの対策実行（＝行動マネジメント）が必要になる。行動をマネジメントした結果として案件が動く（受注確度が上がる）からこそ、先行で読んでいる見込み（金額）がマネジメントできる。

業績先行管理システムの導入で、必ず目標を達成する〝未来志向型マネジメント〟を推進していただきたい。

⑷ ＥＲＰと業績ダッシュボード

業績先行管理システムの導入には、必要な情報の正確かつスピーディーな取得が絶対条件ともいえる。また経済が成熟し、意思決定に必要な情報も多様化している現代において、意思決定の精度とスピードを上げるには、単に経理財務情報を取得するだけではなく、社内の各システムに分散したデータをＥＲＰ（統合基幹システム）で一元管理し、ダッシュボードにリアルタイムで反映し分析を行っていく必要がある。また、ＥＲＰの本質はあくまで「自社の競争力を高めること」にある。つまり既存のデータによる日常業務の効率化の取り組みにとどまるのではなく、収集・分析したデータを基に、経営における意思決定や課題解決の施策立案を行う「データドリブンな組織」への変革が求められているということだ。

6 グループ経営におけるCFOの役割

(1) 進化するCFO機能

経営管理を統括し、財務の専門知識を駆使して経営戦略の意思決定を支援するCFO（Chief Financial Officer：最高財務責任者）。ホールディングス化する企業が増えるなか、グループの企業活動全体の最適解を追求するCFO機能の重要性は年々高まっている。

CFOとは、経営資源の一つである「カネ」に関わるすべてを統括し、企業の財務・経理戦略の立案と実行を担う責任者である。CFOには、戦略実行を推進するパフォーマンスマネジャーと、日常の取引処理を効率的に実行するオペレーションマネジャーという二つの役割がある。だが、新型コロナウイルス感染症拡大の影響によるデジタル時代の到来を主な背景に、パフォーマンスマネジャーからビジネスパートナー、オペレーションマネジャーからオペレーションデザイナーへと役割の進化が求められている【図表4-6】。

ビジネスパートナーは、企業価値向上のための戦略立案に参画し、経営資源をコントロール

図表4-6　ＣＦＯに求められる役割

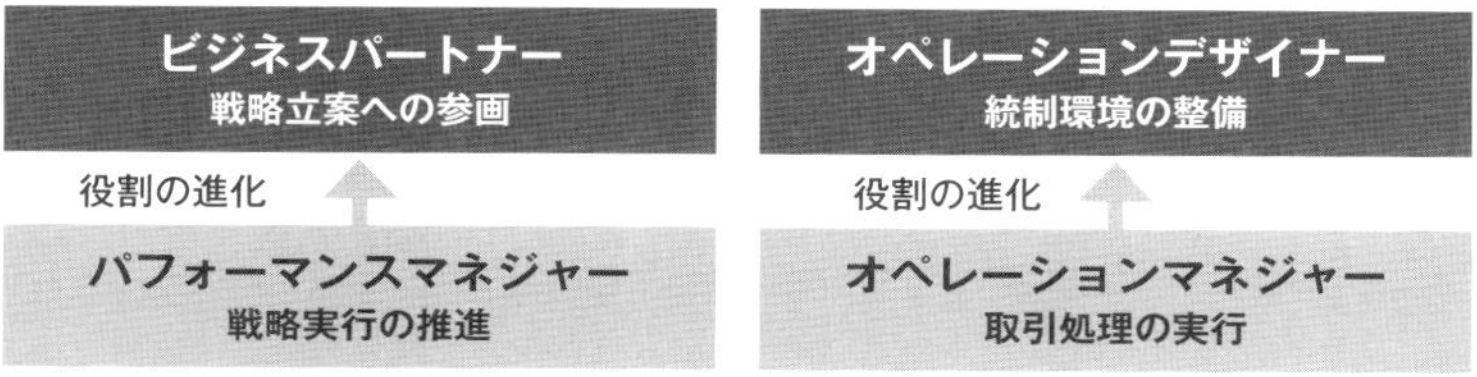

出所：タナベコンサルティング作成

することが役割である。ここで重要なのは、事業部門最適ではなく、全社最適による経営戦略を重要視し、現在の業績以上に将来の業績を向上させる戦略を構築することだ。

一方、オペレーションデザイナーは、全社的なリスクマネジメントを行うこと、また業務改革に向けたルールや仕組みを構築し、コントロールすることが役割である。ここでも重要なのは、現在のリスク以上に将来リスクを全社的視点で統制することである。

(2) ＣＦＯの七つの役割

グループ経営におけるＣＦＯは、全社をコントロールすべく次の七つの役割を担っている。

①事業ポートフォリオの最適化

複数の事業会社を抱えるグループ経営において、グループ全体の企業価値を最大化するためには、「どの事業にどの程度、経営資源を投資すべきか」を判断していく必要がある。各事業会社の成長性や収益性などを客観的かつ定量的に示すことが重要だ。「成長事業」「安定収益事業」「縮小・撤退検討事業」などの事業分類を行い、中立的な立場・視点から、中長期的なグループとしての企業価値向上のため、経営資源の配分・投資を判断していく。

②組織・人事・マネジメント運営

事業の多角化や子会社化が進んでグループ企業が増えると、グループとしての価値観の共有やコーポレートガバナンスの強化、経営の効率化など、グループ全体を統括する仕組みが必要になってくる。グループ全体を統一していく「プラットフォーム」をつくることが、ＣＦＯの二つ目の役割だ。

プラットフォームには、規定、業績管理、人事、情報システムの四機能が考えられる。グループ全体として統一する部分と、事業会社の状況に応じて臨機応変に対応すべきところを、ＣＦＯの視点から提言することが重要である。

③ファイナンス

本社機能を持つＨＤＣがグループ全体の資金を一元管理することにより、グループ各社で生じる資金の過不足を調整する。効率的な資金運用を「キャッシュ・マネジメント・システム（Ｃ

ＭＳ）」という。ＣＭＳを導入するメリットには、「借入金や支払利息などのグループ全体のコスト削減」「財務機能の集約化による省人化」「グループ全体の財務指標の改善」などがある。

ＣＭＳに取り組むうえで最も基本的な機能は、「プーリング機能」である。これは本社機能を持つ会社に専用口座を設け、資金が余っている子会社から銀行口座に資金を吸い上げ、資金が不足している子会社に分配するという仕組みだ。グループ内金融機関の役割である。

④シナジーの発揮・推進

シナジーは大きく二つに分けることができる。一つ目は、売上高および限界利益率の向上のためのシナジー。二つ目はコストにおけるシナジーであり、各社に共通する機能を集約することで発揮される。グループ企業のＣＦＯは、定量的な数字や業績情報を把握できるポジションであるため、各社では気づきにくいシナジーやアイデアを提案し、推進していくことが可能である。

⑤インキュベーション

さまざまな事業を展開するグループ企業において、新規事業の立ち上げや不振事業・会社などの撤退を判断・支援する役割はＣＦＯにある。事業リスクを低減し、多角的にグループの成長を図ることは企業成長において有効な手段だ。

一方で、経営資源が分散され、経営の効率が阻害されることもある。経営資源である「ヒト・モノ・カネ」をバランス良く配分し、最適化する視点を持つことが重要だ。

⑥M＆A機能・経営資源調達

グループを成長・発展させるには、自ら成長して規模を拡大する方法と、すでに出来上がった会社を買収する方法がある。グループ経営により、M＆Aなどの組織再編を行いやすい環境をつくることができる。ここでのCFOの役割は、買収先のデューデリジェンス（投資・買収対象の精査）は当然のこと、その後の経営統合や、買収後のマネジメントによる二次再編に至る可能性を検討することである。

⑦グループ統括

創業時から受け継がれてきた理念やブランドを軸とした経営を行わなければ、各事業会社がバラバラの方向を向いてしまい、グループとしてのシナジーが生まれなくなる。グループ全体の理念や基本方針を明文化し、それに基づいた価値観を共有すること、また、それに基づいたコーポレートガバナンス体制を構築・強化してグループを統括していくことが、グループ経営におけるCFOの役割である。

第5章

次代へ経営をつなぐ資本政策

この章では、資本政策について述べていく。

現在、企業の企業価値向上と持続可能性の観点から、資本政策の重要性が高まっている。資本政策の定義については語り手の立場によってさまざまな解釈がなされるが、一般的には資金調達や資本構成の適正化（株主資本と負債のバランス）に関する施策を指す場合が多い。本章では、主に事業承継を見据えた資本政策について記述する。なぜなら、創業社長や主要株主が交代・異動したとしても、その影響を受けることなく持続的に企業価値を高めていくことが、ステークホルダーに対する企業の責任として求められているためである。

1 資本政策の潮流と現状

(1) 資本政策における課題

事業承継は、現経営者から次世代の経営者に経営権が移行するプロセスであり、その中核を成す要素が資本政策である。資本政策は企業の資金調達や財務構造を決定するため、事業承継の成否にも直接影響を与える。近年の事業承継における資本政策の潮流としては、従来の家族経営から脱却を図るべく、これまでの資本政策を見直し外部資本や経営資源を積極的に活用する方向に移行するケースが増えつつある。

企業の事業承継における資本政策の課題は、主に資金調達の難しさと株式承継プランの不在、および後継者の資本管理能力の不足に集約される。

まず、資金調達の難しさは、ほとんどの中堅・中小企業が直面している大きな課題であろう。自己資本比率が低い企業の場合、追加的な資金調達が必要となる事業承継の際は資本市場からの資金調達が難しい状況にある。金融機関からの信用力が大企業に比べて低く、融資を含めた外部資金の獲得が困難であるためだ。そもそも持続的成長に欠かせない事業計画を策定していない企業が非常に多い。銀行融資やファンドからの出資、また事業売却を行う際に最も重要視される事項の一つが、既存事業の安定性と成長性である。それが説得力のあるストーリーで計画に落とし込まれていないと、資金調達が困難を極めるのは当然といえよう。

株式承継プランの不在も大きな課題である。特に同族企業では創業者や経営者が大量の株式を保有しており、その承継計画が不十分な場合が多い。事業承継を円滑に進めるためには早期から株式承継計画を立て、適切な後継者に移行する必要があるが、このプロセスには時間とコストがかかり多くの企業がこの段階でつまずいている。

また、後継者の資本管理能力の不足についても、事業承継を困難にする重要な要因である。

社内承継にしろ、社外承継にしろ、後継者の資本政策に関する知識や経験が不足していると、資金調達や資本構成の最適化が困難になり、経営の持続可能性にも大きな影響を与える。したがって、後継者に対する資本政策に関する教育やトレーニングが重要である。

企業の事業承継プロセスでは、「資金調達の難しさ」「株式承継の計画不足」「後継者の資本管理能力の不足」という、資本政策に関連する複数の課題が存在する。これらの課題に対処することが、事業承継を成功に導くためのカギとなっている。

(2) 持続的成長に向けたあるべき資本政策

企業が財務健全性と成長戦略の基盤を形成しつつ、事業承継を通じて持続的な企業価値向上を目指すためには、効果的な資本政策の策定が不可欠である。持続的成長に向けた資本政策としては、

- 資金調達の多様化
- 適切な株式承継計画
- 後継者の資本管理能力の向上

――という三つに集約される。

①資金調達の多様化

従来、企業の資金調達といえば「デットファイナンス」に依存するか、保有する資産を売却して現金化するかのパターンがほとんどであった。

デットファイナンスとは、資金を調達する際に発生する負債の形態の一つであり、主に金融機関からの借り入れや社債発行などが該当する。企業価値向上において、このデットファイナンスを活用する最大のメリットは資本コストの低減にある。

まず、デットファイナンスは「エクイティファイナンス（株式発行による資金調達）」と比べて一般的に低いコストで資金調達が可能である。負債に対する利息支払いが利益に対する税金計算の前に控除できるため、税制上の利点（節税効果）が得られる。また、自己資本のみを運用する場合より、適切なレベルで負債（他人資本）を合わせて利用したほうが、会社の財務レバレッジが高まり、株主価値の最大化に寄与する。会社の信用力が上がれば、株主の要求する期待収益率（出資額に対する利回り）より低い金利での借り入れが可能となる。

もちろん、過度な負債は財務リスクを高める可能性もあるため、適切な負債マネジメントが求められる。財務状況に応じて適切に負債を管理できれば、デットファイナンスによる資金調達はＷＡＣＣ（加重平均資本コスト）を低減させることにつながる。ＷＡＣＣは、企業が投資家から資金を調達する際に平均して支払うコストであり、このコストを最小化することで、企業の投資プロジェクトや事業展開がより経済的に実行可能となる。

一方、最近では資金調達の手段が多様化し、企業の選択肢の幅が広がっている。例えば、株式を発行して出資を募るエクイティファイナンスや、劣後ローン（一般債権よりも返済順位が低いローン）による「メザニンファイナンス」などが挙げられる【図表5-1】。特に、デットとエクイティの中間的な金融手法であるメザニンの活用が増加傾向にある。このほか、スタートアップ向けのベンチャーキャピタルやクラウドファンディングなどから資金を調達する企業も増えている。

このように異なる資金源を組み合わせることで、資金調達のリスクを分散し、より柔軟な財務戦略を構築できる。また資金調達手段の多様化は、事業承継の際に起きる可能性がある資金ニーズへ対応するための備えとなる。

近年の傾向を見ると、例えば、「プライベート・エクイティ・ファンド」（以降、PEファンド）による支援の増加が挙げられる。PEファンドとは、投資家から資金を集めて未上場企業の株式（PE）を取得し、経営に参画して企業価値を高めた後、IPOや第三者へ売却してキャピタルゲイン（売却差益）を得る投資会社のことである【図表5-2】。

このスキームによって、企業は事業承継を円滑に進めることが可能である。PEファンドを事業承継先とし、その資金と経営ノウハウを活用して後継者人材の育成や株式取得資金の確保、

図表5-1 主な資金調達の手法と特徴

	デットファイナンス	エクイティファイナンス	メザニンファイナンス（資本性劣後ローン 等）
概要	・金融機関等から資金を借り入れる。 ・貸借対照表上は負債として計上され、返済が発生する。	・企業が新株を発行し、出資を募る資金調達手法。上場も含む。 ・貸借対照表上は純資産の株主資本として計上され返済の必要がない。	・デットとエクイティの中間的な手法。 ・デットよりも金融機関等の返済順位が劣後する。
特徴	・（支払配当金等と比較して）支払金利は低い（資本コストは低い）。 ・（支払配当金と異なり）支払金利は損金に算入することができるため、税負担を圧縮することができる。 ・約定返済中は、特段の定めがない限り債権者からの経営関与は少ない。	・返済の必要がないため、財務基盤の安定や信用力の向上につながる。 ・デットと比較して、資本コストは高い。 ・ファンド等から経営の助言・関与を期待できる一方、真摯な対応を要する。ファンドの前提とするEXIT（IPO、M＆A）に目線合わせが必要。	・主に政府系金融機関が取り扱う。 ・融資期間が長く、長期的な取り組みになじむ。 ・金融機関の審査では自己資本と見なされ、他の金融機関の呼び水効果がある。 ・利率が業績に連動し、業績が悪い時は利率が低く、業績が良い時は高くなる。 ・支払金利は損金に算入可能。
備考	・リース取引により設備投資の資金を賄うケースもある。	・株式投資型クラウドファンディング等の新しい手法も登場している。	・上記資本性ローンのほか、買い戻しを前提とした株式の形態もある。

出所：中小企業庁「中小企業の成長経営の実現に向けた研究会第2次中間報告書」（2024年6月28日）

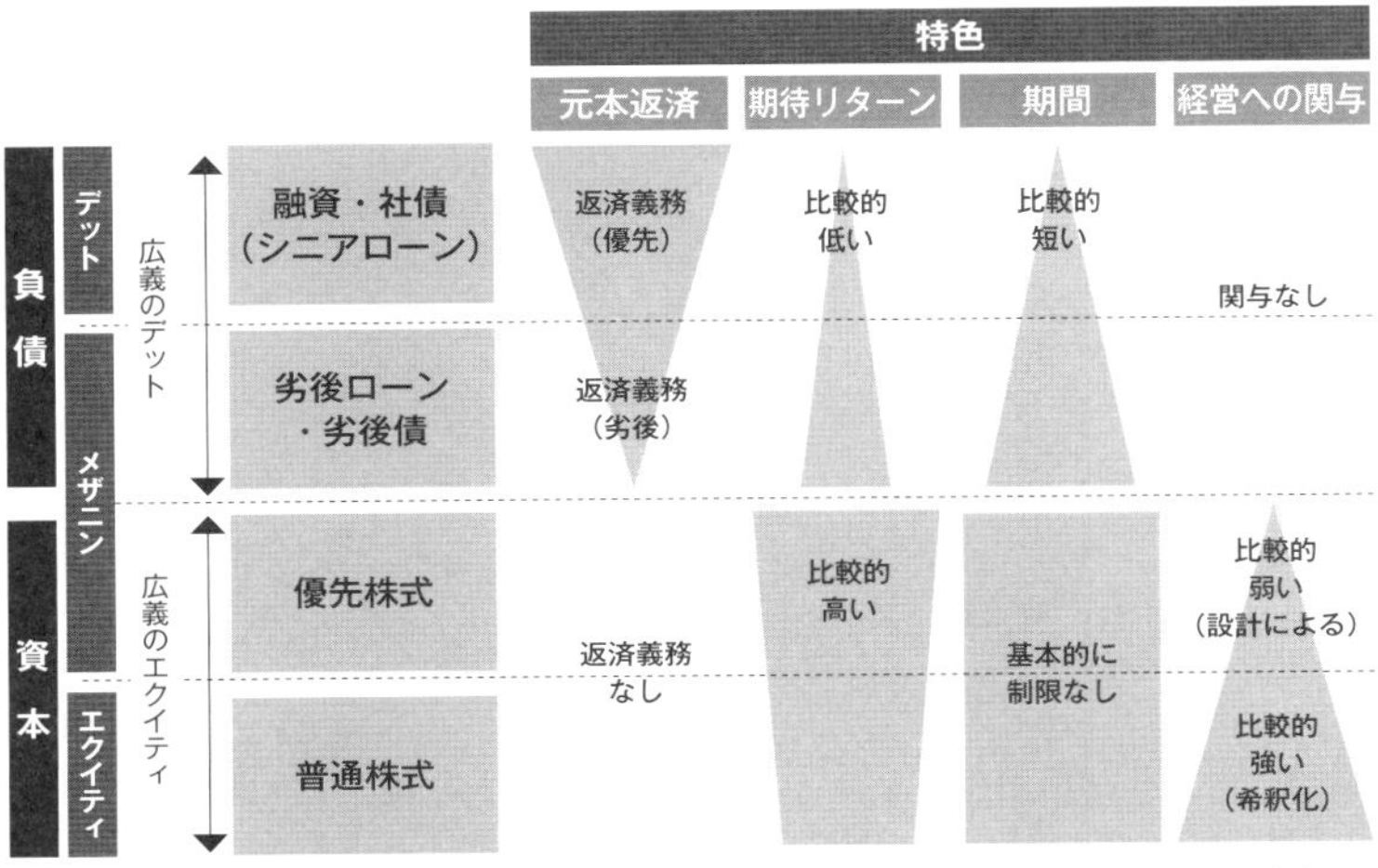

出所：中小企業庁・中小企業政策審議会金融小委員会（第1回）事務局説明資料「中小企業の成長を支える新たな資金調達のあり方について」（2022年2月17日）

図表5-2 PEの投資スキーム図

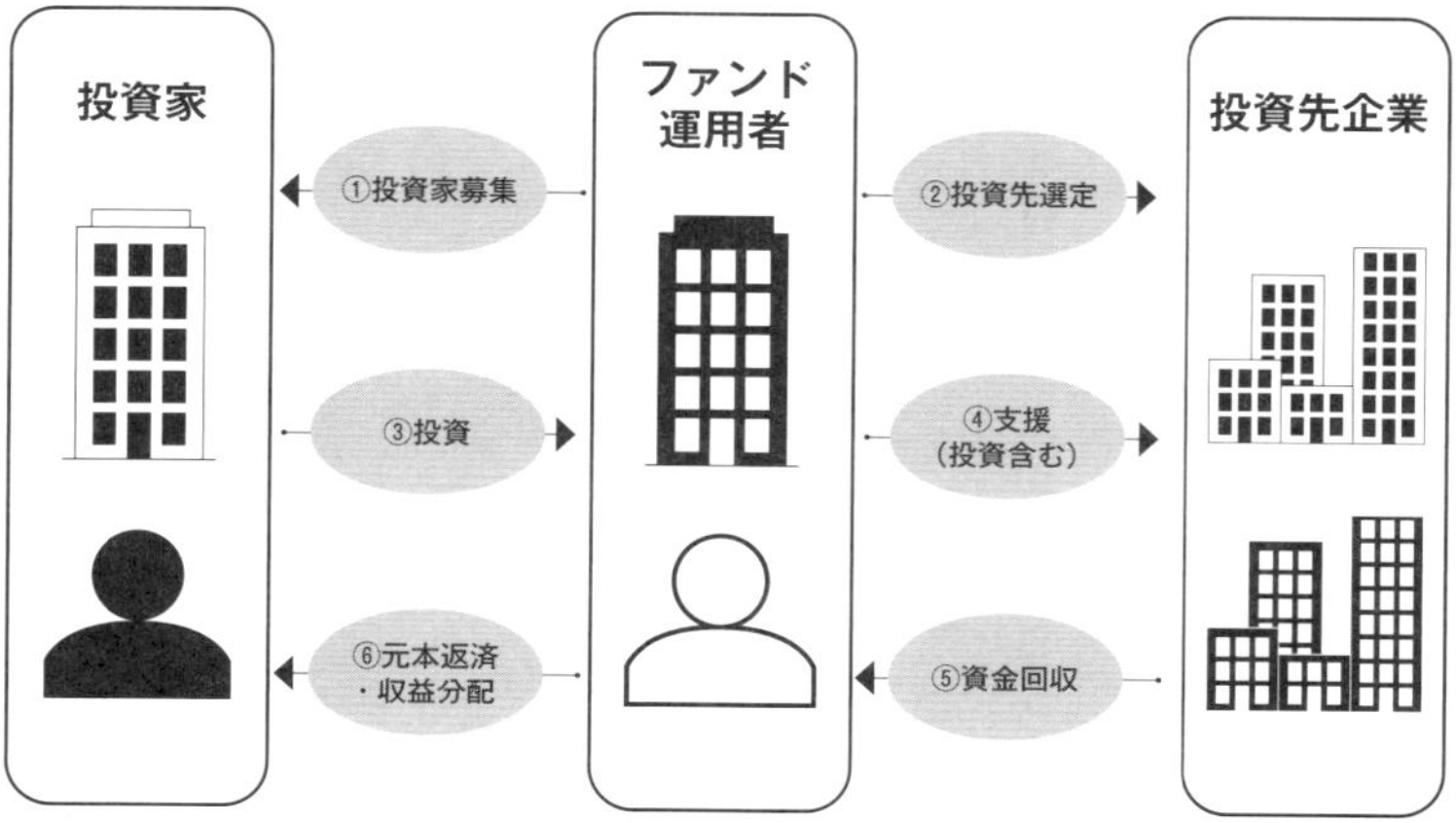

出所：ゆうちょ財団「プライベート・エクイティ市場に関する調査研究（2021年度）」（2022年3月）をもとにタナベコンサルティング加工・作成

また、少数株主の株式集約を図りながら成長戦略を推進できる。経営の主導権がファンド側に移ることを受容できれば、事業承継の合理的な手法といえる。近年はM&Aによる事業承継も一般化しており、これによって事業の継続性が保たれ、新たな成長機会が創出されている。ただ、これらは経営者の意識改革や法制度の整備が必要であり、事業承継の主流となるにはまだ多くの課題が残されている。

また、「増資」も重要な資金調達手段である。増資とは、資本金の増額を目的に、新たに株式を発行して投資家から資金を集めることをいう。増資には、大きく三つの手法がある。具体的には、既存の株主に対して新規株式を発行する「株主割当増資」、特定の第三者（資本提携先や取引先など）に対して新規株式を

図表 5-3 増資手法の種類

	①株主割当増資	②第三者割当増資	③公募増資
勧誘対象	既存の株主 既存株主の保有割合に応じて株式を発行 既存株主	特定の第三者 既存株主かどうかにかかわらず特定の第三者に株式を発行 既存株主 / 新規株主	不特定多数 不特定多数に対して株式の引受を勧誘し発行 既存株主 / 不特定多数の新規株主
概要	・新たに発行する株式を、既存株主の持分比率に応じて割当てて、出資を募る資金調達	・特定の誰かを出資者として、新規株式を発行する資金調達 ・出資者は、既存株主の場合もあるが、①とは異なり特定の株主のみが取得する点で異なる	・既存株主かどうかにかかわらず、不特定多数の出資者に対して、株式の発行による出資を募る方法
メリット	・保有割合等が変わらないという点で既存株主との調整がつき易く、比較的スムーズに手続きを進めることができることが多い	・意欲の高い出資者を株式の引受先として出資を募ることができるため、資金が集まりやすい	・多くの出資者に出資を募るため、多額の資金調達を行うのに適している
デメリット	・既存株主の資金余力や出資意欲によって調達総額が決まるため多額の資金調達が難しい場合がある	・全体の発行株式数が増え、既存株主との間で持ち分比率が下がったり、株主構成が変わったりすることに対する調整が必要となる	・多くの出資者を勧誘するためにコストがかかるほか、有価証券届出書や目論見書の作成、継続的な有価証券報告書の作成（継続開示）等が必要となる

出所：経済産業省「エクイティ・ファイナンスに関する基礎知識　第三章 株式の種類・増資の手続き」（2022年12月22日更新）をもとにタナベコンサルティング加工・作成

発行する「第三者割当増資」、不特定多数に対して株式引き受けの勧誘を行う「公募増資」である【図表５‐３】。

このうち第三者割当増資は、経営基盤の強化や事業展開の加速に必要な資金の調達手段として有効である。また資金調達に加えて、M&AやMBOなど事業承継の手法としても活用されることが多い。第三者割当増資によって新しいビジネスモデルの創出や市場ニーズへの迅速な対応、新たな技術の開発や海外市場へのアクセスなど、経営戦略の多様化を促すことが期待できる。もっとも、これらを成功させるためには、適切なパートナーの選定、目的とする成果の明確化、そして双方の企業文化や経営方針の適合性が重要である。特に誤ったパートナーシップは、経営の混乱を招くリスクもあるため、慎重な検討と戦略的な判断が求められる。

ただ、いずれにせよ将来的には多くの企業が事業承継の成功に向けて資本政策の多様化と柔軟性の向上を求められるだろう。事業承継は、経営権の移行だけでなく企業文化や価値観の継承も重要となるが、やはり「先立つものはカネ」である。企業の持続可能性と企業価値向上は、資本政策と不可分の関係にあるといえる。

②適切な株式承継計画

非上場企業における事業承継の場合、「経営の承継」と「株式の承継」という二つの視点が必要である。この二つのタイミングは必ずしも一致させる必要はない。ただし、経営の承継を先行させた場合、その間に自社株の評価額が上昇し税負担の増加につながるリスクがある。一方、株式の承継を先行させた場合は、後継者が好き勝手に振る舞っても抑止できないリスクがある（承継する株式の議決権割合にもよる）。その場合は、拒否権付き種類株式（黄金株）を活用し、先代社長やオーナーが一定の重要な決議事項（取締役の選任・解任、報酬の決定、多額の投資、M&A、重要な資産の譲渡など）に対する拒否権を確保して後継者の会社経営を監督する必要もある。

いずれにせよ、どちらかを先行することで生じる影響を考慮し、承継スケジュールを設計しなければならない。ここでは、非上場企業における株式の承継方法と承継計画の留意点について解説する。

非上場企業の株式の承継方法としては、相続、贈与、譲渡の三つがある。このうち相続は後継者や後継時期を選択することができないが、贈与や譲渡は後継者や承継時期を選択できるというメリットがある。相続においては、相続人が複数存在する場合、株式が分散することや経営と関わらない親族に株式が承継されるリスクがあるため、できれば贈与や譲渡を中心に、株式承継の事前準備をしっかりと行うことが重要となる。

このほか、ＳＰＣ（特別目的会社）やホールディング会社（ＨＤＣ）を使った承継が考えられる。ホールディング経営の活用法は前章で説明したため、ここではＳＰＣの活用により株式を承継するステップについて紹介する【図表５－４】。

具体的には、後継者がＳＰＣを設立し、ＰＥファンドからメザニンを発行することで株式購入の資金を確保するとともに、事業会社の資産や収益力を背景に金融機関から借入金を調達し、その調達資金をもとにオーナーから事業会社の株式を時価で購入する。次のステップでＳＰＣと事業会社を合併させ、事業の収益から金融機関の借入金の返済やメザニンの返済・配当を行っていくのである。オーナーは、株式譲渡益に対する税負担が発生するものの、株式を現金化できて資産分割がしやすくなる。一方、後継者は、事業会社の信用力を背景に、承継資金の調

図表5-4 SPC（特別目的会社）設立による株式の承継

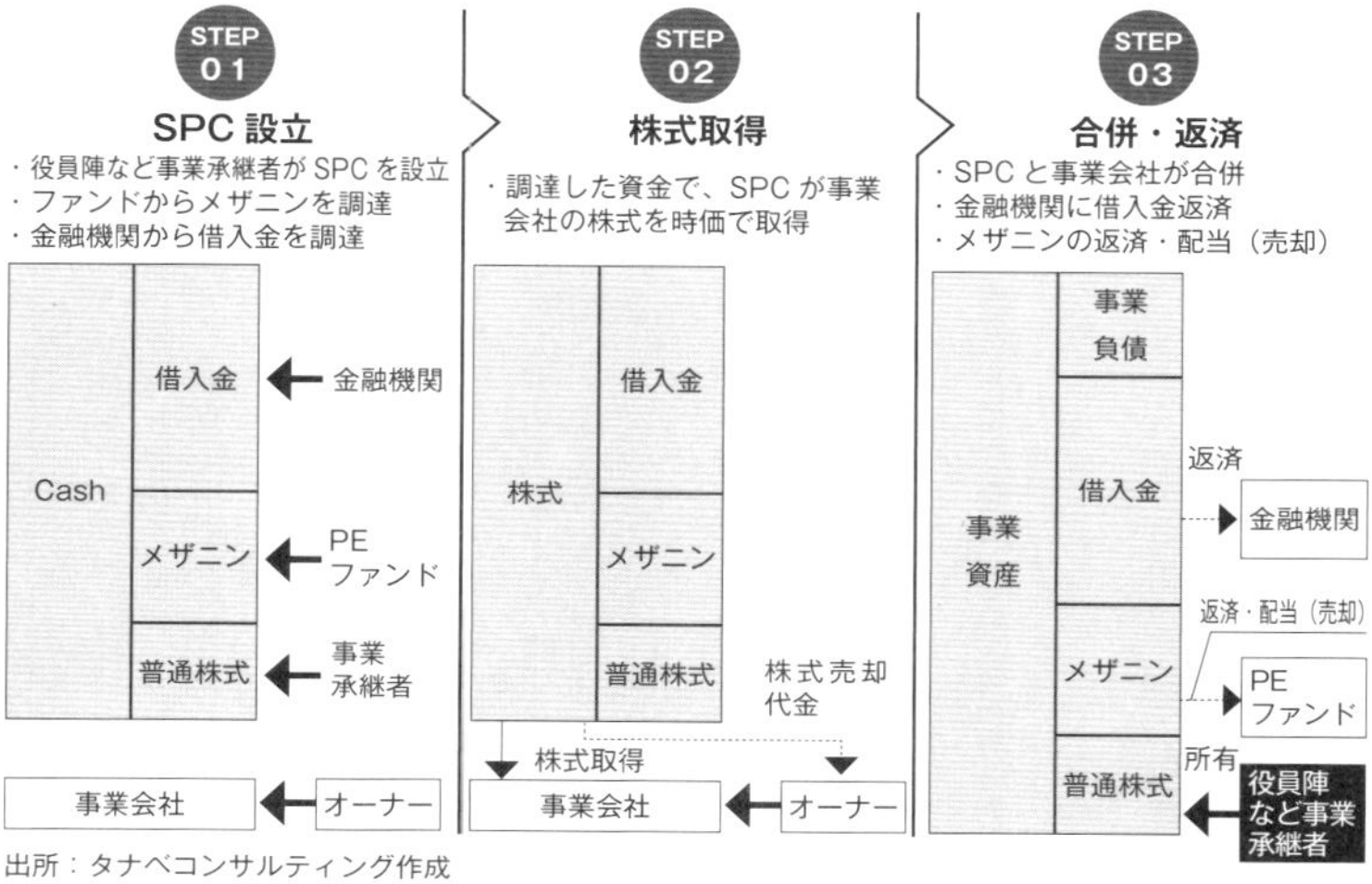

出所：タナベコンサルティング作成

達が可能となる（ただしSPCの管理維持コストが発生する）。

また株式の承継計画は、事業承継における資本政策の重要な要素である。創業者や現経営者が保有する株式を効果的に後継者に移行させるには、早期からの計画立案が必要だ。株式承継計画には、株式の価値評価、承継方法の選択、税務効果の最適化など、さまざまな側面が含まれる。事業承継が円滑に行われ、企業が持続的に成長するためには、これらの要素を考慮に入れた総合的な承継計画が求められる。

③後継者の資本管理能力の向上

最後に、後継者の資本管理能力の向上は、持続的成長に向けた資本政策の重要な柱であ

図表5-5 後継者教育の例

内部での教育例

教育例		効果
各部門をローテーションさせる	→	経験と知識の習得

各部門（営業・財務・労務等）をローテーションさせることにより、会社全般の経験と必要な知識を習得

教育例		効果
責任ある地位に就ける	→	経営に対する自覚が生まれる

役員等の責任ある地位に就けて権限を委譲し、重要な意思決定やリーダーシップを発揮する機会を付与

教育例		効果
現経営者による指導	→	経営理念の引き継ぎ

現経営者の指導により経営上のノウハウ、業界事情にとどまらず、経営理念を承継

外部での教育例

教育例		効果
他社での勤務を経験させる	→	人脈の形成・新しい経営手法の習得

人脈の形成や新しい経営手法の習得が期待でき、従来の枠にとらわれず、新しいアイデアを獲得

教育例		効果
子会社・関連会社等の経営を任せる	→	責任感の醸成・資質の確認

後継者に一定程度、実力が備わった段階で、子会社・関連会社等の経営を任せることにより、経営者としての責任感を植え付けるとともに資質を確認

教育例		効果
セミナー等の活用	→	知識の習得、幅広い視野を育成

後継者を対象とした外部機関によるセミナーに派遣。経営者に必要とされる知識全般を習得でき、後継者を自社内に置きつつ、幅広い分野を育成

出所：中小企業庁「事業承継ガイドライン（第3版）」をもとにタナベコンサルティング加工・作成

る。後継者は、資金調達や財務戦略、投資判断など、資本に関わる重要な決定を下さなければならない。このため、後継者には資本政策に関する深い知識と実践的な経験が必要である。企業は後継者教育【図表5-5】を通じて、財務管理、リスク評価、戦略的意思決定などの分野で教育とトレーニングを提供することが望ましい。これにより、後継者は事業承継後も企業を効果的に運営し、成長を持続させる能力を身に付けることができる。

また、次世代組織における人材構想も重要である。特に幹部クラス（執行役員、部長など）がどのタイミングでどの程度そろっていなければならないか、そのためにはまず現状の人材の棚卸しと教育計画が必要となる。次世代の経営人材育成計画（サクセッションプ

ラン）を策定し、人材プールの明確化と計画的な育成方針を打ち出すことが求められる。

総じて、中堅・中小企業における事業承継は単に経営の継続ではなく、企業の持続的な成長を見据えた戦略的な取り組みである。資金調達の多様化、株式の適切な承継計画、後継者の資本管理能力の向上を柱とする資本政策は、事業承継を成功させ、持続的な成長を実現するためのカギとなる。これらの方策を講じることで、企業は変化する市場環境に対応し、長期的な競争力を確保できるだろう。

(3)企業価値向上を実現する資本政策

企業価値とは、「幅広いステークホルダー（利害関係者）に帰属する価値の総和」を示し、株主価値（株式時価総額）と負債価値（純有利子負債額）の合計で表せる。企業価値に負債まで含まれる理由は、その借り入れと利息が事業資金の出し手（債権者）に帰属する価値と見なされるからである。

企業価値向上の核心は、資金調達において負債と純資産の最適なバランスを取りながら事業投資を行い、持続的にキャッシュフローを獲得していくことである。資本政策は、企業がどのように資金を調達し、その資金をどのように配分するかに関する戦略的決定である。

企業財務の基礎理論である「モジリアニ・ミラーの定理（MM理論）」によれば、法人税が

図表 5-6 負債の節税効果の具体例

	U企業	L企業
(1)営業利益	50	50
(2)負債の利払い	0	20
(3)税引前利益（(1)−(2)）	50	30
(4)法人税（(3)× 30%）	15	9
(5)税引後利益	35	21
(6)資金提供者が受け取る利得 ((2)＋(5))	35	41

負債の利用による節税分だけ企業価値が増大する。節税効果は法人税率が高い、および債務残高が多いほど大きくなる。

出所：みずほ証券×一橋大学 Web サイト「ファイナンス用語集」をもとにタナベコンサルティング作成

存在しない完全市場においては、企業の資本構成は企業価値に影響を与えないとされる（つまり、負債の構成比が高くても企業価値は変わらない）。しかし、現実の市場では法人税が存在するため、負債の節税効果（負債に対する利払いは税控除対象となる）によって、借り入れが多いほどその利払い分だけ企業価値は向上することになる。

例えば、無借金のU社と負債を抱えるL社があるとする【図表5-6】。両社は事業内容がまったく同じで、営業利益も同額だが、負債の利払いはU社がゼロ、L社は二〇である。営業利益から利払いを引いた税引前利益はU社が五〇、L社は三〇となり、法人税の支払い額に違いが生じる。法人税を税引前利益から控除した税引後利益は、U社の三五に

図表 5-7 負債額と企業価値の関係

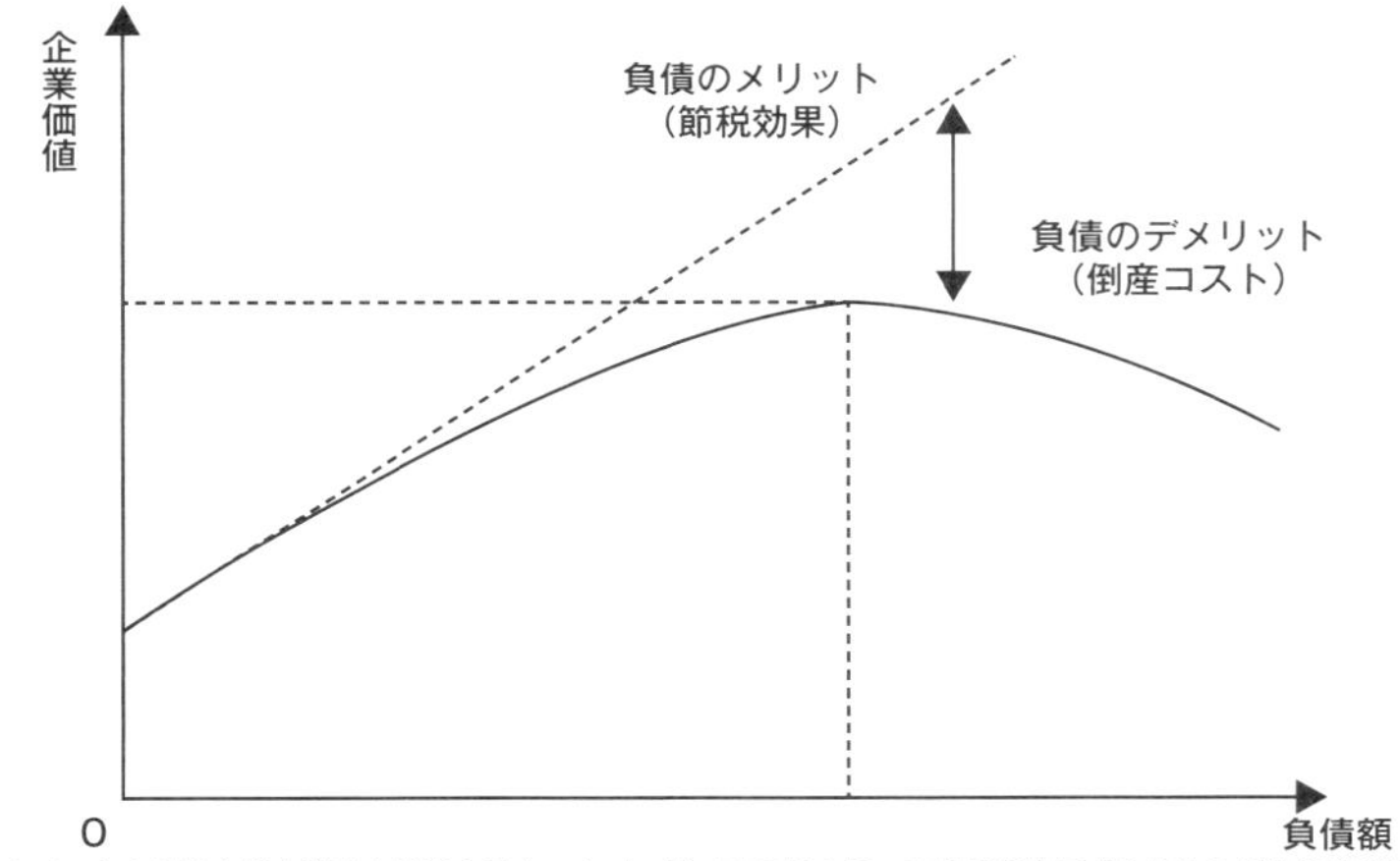

出所：慶應義塾大学大学院商学研究科ホームページ／富田信太郎・商学部准教授「企業はなぜ負債を利用するのか？」をもとにタナベコンサルティング作成

対してL社は二一である。しかし、U社には債権者がおらず株主のみのため、資金提供者が受け取る利得は三五と変わらない。一方、L社は債権者と株主が資金提供を行っているため、両者の利得の合計四一が資金提供者の利得となる。つまり、企業価値でいえばU社よりもL社のほうが高くなる。

負債が増えていくと、それに伴う節税効果で企業価値は高まるが、当然ながら過度の借り入れは倒産リスクを高め、企業価値を損なう可能性がある。このジレンマを解決するためにも、企業価値を最大化させる最適バランスを見つけることが大事である【図表5-7】。

また、事業投資に対する評価も重要である。投資プロジェクトの選定には、将来のキャッシュフローを現在価値に割り引いて評価する

「割引現在価値（ＮＰＶ）法」が用いられる。ＮＰＶが正の投資は企業価値を高めていく。

外部からの資金調達だけでなく、内部留保を活用することも一つの戦略である。内部留保を利用することで、資金調達コストを抑えるとともに企業の自由度を高めることができる。もっとも、過度の内部留保は株主還元の機会を減少させるため、適切な配分が求められる。

負債と自己資本の最適バランスの維持、投資プロジェクトの厳格な選定と継続的な実行、内部留保の効率的な活用が、企業価値向上を実現する資本政策の要となる。

2 事業承継を成功させる外部資本戦略

(1) 深刻さを増す後継者不足

これまで何度か述べてきたように、近年は中小企業を中心に後継者不足が深刻な問題となっている。後継者難が原因の企業倒産件数が右肩上がりに増加しており、二〇二三年度で過去最高を記録した。内訳を見ると、代表者の「死亡」と「体調不良」の二要因で全体の約八割を占める【図表５‐８】。一方、全国社長の平均年齢が六三・七六歳（二〇二三年）と過去最高を更

図表5-8 「後継者難」倒産推移（4～3月）

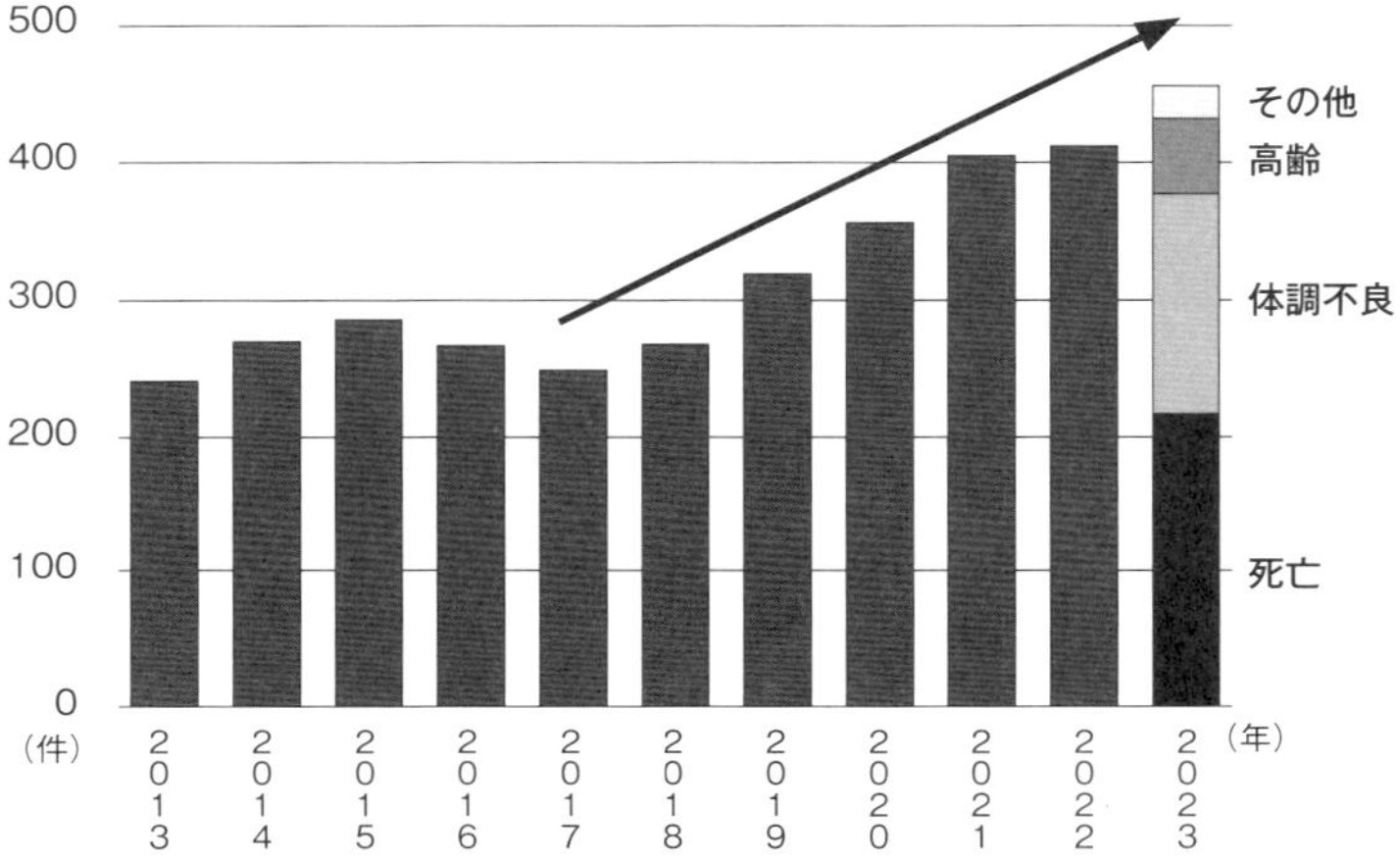

出所：東京商工リサーチ

図表5-9 社長の平均年齢推移

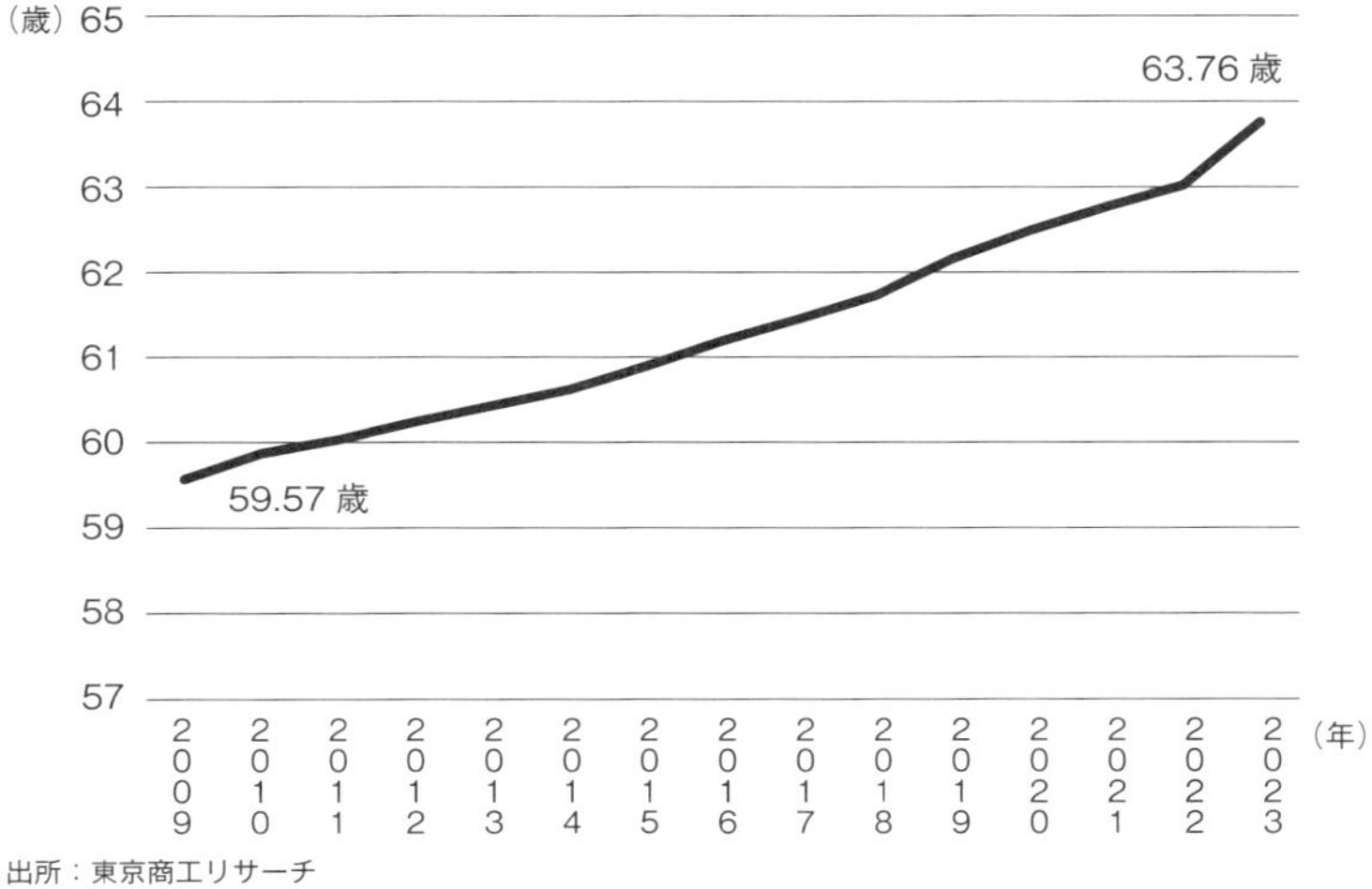

出所：東京商工リサーチ

新したことに加え【図表5-9】、休廃業・解散企業（二〇二三年＝四万九七八八件）の経営者の七割弱が七〇歳代以上だったという。後継者を確保できず事業承継を後回しにしているうちに経営者が高齢化し、倒産・廃業に至る企業が年々増えていることがうかがえる。

経営者の引退年齢は、六〇歳代後半から七〇歳代前半が相場である。今、多くの経営者が引退年齢に差し掛かっており、事業承継はまさに待ったなしの喫緊の課題となっている。特に、同族経営の企業では後継者を見つけることが難しく、事業承継が計画通りに進まないケースが多い。

従来、事業承継においては現経営者の親族（子や孫、甥や姪）が経営権を代々継承していく「親族内承継」が一般的であった。しかし、少子化の影響（社長自身に嫡子がいない、親族にも子がいない）や、子がいても事業の先行きに希望を持てず後継を望まなかったり、人生観・価値観の多様化で大企業や公務員など他の職種に就職したりして、親族内承継を維持することが難しくなってきたのである。

一方、社内の有望な人材を後継候補者として選抜・教育し、内部昇格によって後継経営者を選ぶ企業が増えている。帝国データバンクの調べによると、二〇二三年に事業承継が行われた企業の現経営者と先代経営者との関係性（就任経緯別）は、「同族承継」が三三・一パーセント、血縁関係のない役員などを登用した「内部昇格」は三五・五パーセントとなり、内部昇格が事

図表 5-10　先代経営者との関係性（就任経緯別）の推移

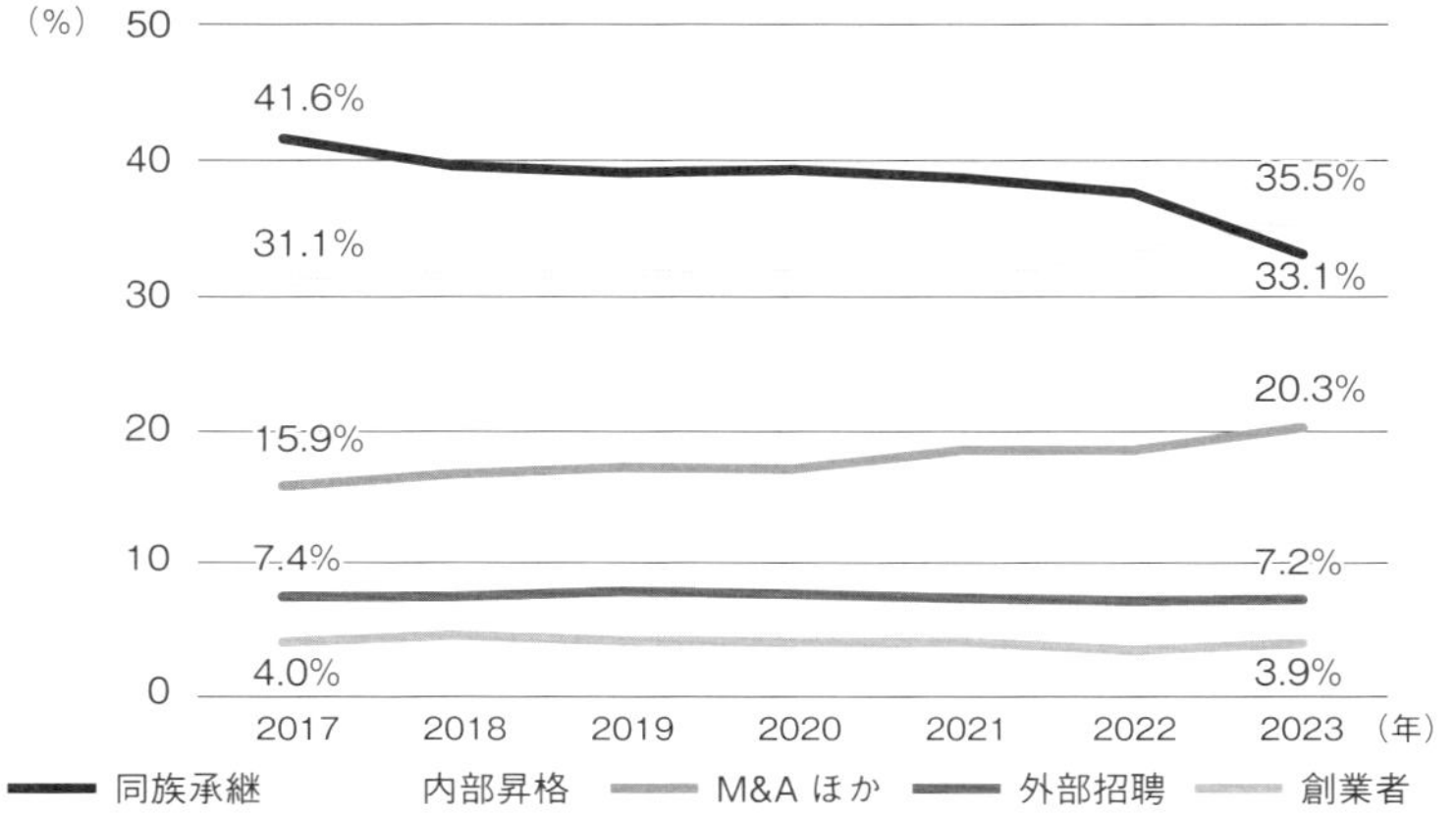

※ 2023 年は 10 月時点の速報値
出所：帝国データバンク「全国企業『後継者不在率』動向調査」（2021 年、2022 年、2023 年）」をもとにタナベコンサルティング作成

業承継の手法として初めてトップとなった。

また「M&Aほか」は二〇・三パーセントで、同じく割合が高まっている。ここから、事業承継の傾向として「親族内承継」から「親族外・第三者承継」へシフトしてきていることがわかる【図表５-10】。

⑵ 三つの承継スタイル

後継者選びのトレンドが親族内から親族外へとシフトするなか、事業承継で外部資本を活用して「所有」と「経営」を分離させたり、オーナーが自社株をすべて売却して創業者利益を得たりするケースが増えている。

【図表５-11】は、事業承継における「出口戦略」の方策と経営者の経営権・資金取得の関係を表したポジショニングマップである。

縦軸は「従前の経営者や経営陣が経営権を保持できるか」を示し、横軸は「従前の経営者や経営陣が出口戦略によって資金を取得できるか」を示す。

このうち、三つの承継スタイル（ＩＰＯ、ＭＢＯ、Ｍ＆Ａ）別にメリット・デメリットを**【図表5-12】**に示す。

ＩＰＯは経営者が代わる必要性が少なく、かつオーナー兼経営者がＩＰＯによって資金を得られる可能性が高いために、会社を継続して経営していきたいという経営者にとっては、最もメリットがある方法である。

ＭＢＯ（経営陣による自社買収）は、オーナー兼経営者にとって会社売却の対価を得られる場合が多い一方で、経営者としての地位は退くことになるケースが多い。オーナー以外の経営者・後継者は、会社買収資金を支出し、経営者として経営権を保持するという関係になる。

Ｍ＆Ａを選択する場合、オーナー兼経営者は、会社を売却することで対価を得る場合が多い。一方、新たなオーナーから引き続き経営を委任されない限りは、経営者としての地位を退かざるを得ない。

①ＩＰＯ型資本承継

ＩＰＯの「ＰＯ」とは「Public（公開の）Offering（売り物）」の略で、会社が資金調達を行

図表5-11　事業承継の方策と経営者の経営権・資金取得の関係

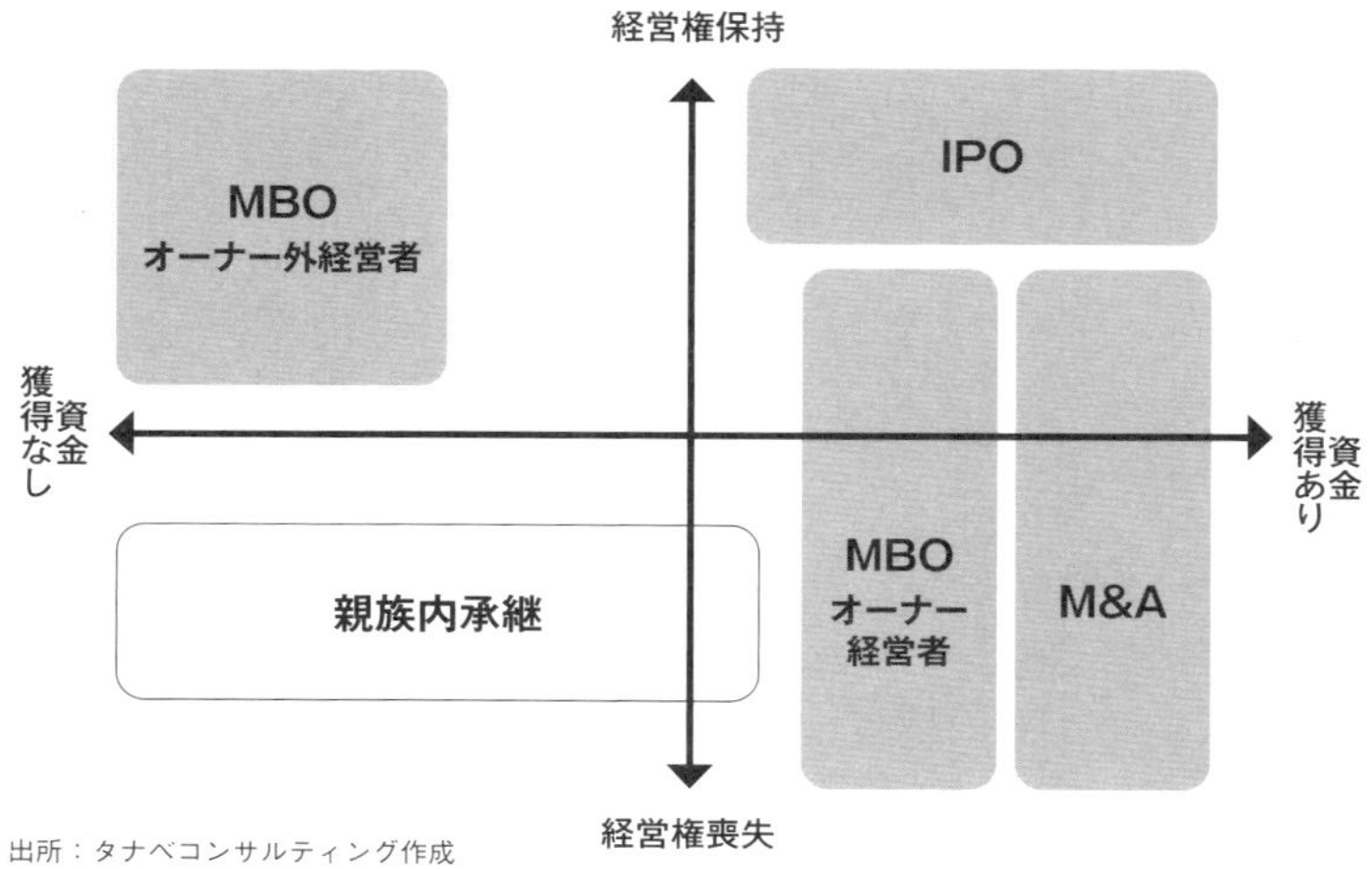

出所：タナベコンサルティング作成

図表5-12　3つの事業承継スタイル別メリット・デメリット

承継スタイル	メリット	デメリット
IPO型 資本承継	■能力主義で後継者を選べる ■直接金融による資金調達手段の確保 ■社会的信頼度の向上 ■優秀人材の確保 ■創業者利益の実現（上場時価による売却） ■株式の換金性	■上場基準の難易度が高い（時間·収益） ■買い占めへの対応（安定株主対策） ■ディスクロージャーへの対応 ■株主総会への対応が必要 ■上場維持コストの負担が大きい
MBO型 資本承継	■後継経営者、役員中心に経営権（株式）を保有することで経営（事業）が安定する ■時価買い取りによりオーナーの収入が増える ■上場廃止により敵対的買収リスクを回避し、中長期的な経営戦略を推進できる	■財務信用力、保証能力がない ■株式買い取り資金がない後継者が多い ■取引先との関係（信用力） ■非上場化で資金調達の選択肢が狭くなったり、経営監視機能が低下したりする ■グループ企業が離脱した場合、売上げが減る恐れがある
M&A型 資本承継	■より広範囲に適格な会社、後継適任者を選べる ■大企業の傘下に入ることで経営が安定する ■営業権も含めて企業価値が算定される ■時価買い取りによりオーナーの収入が増える ■シナジー効果（販売、生産、投資、開発など）が得られる	■売り手・買い手双方の条件（従業員の待遇、譲渡価格など）を満たす可能性は高くない ■買収先主導で経営者が決まる ■現役員は解任の可能性がある ■仲介会社・専門家への報酬負担が少なくない ■オーナー親族の収入源の喪失

出所：タナベコンサルティング作成

う「公募増資」と、既発行株式を売却する「売り出し」がある。これに「Initial（最初の）」が加わることで、新たに株式を公開して公募・売り出しをすることを指す。

ＩＰＯは、社会的信用や社員の士気と帰属意識の向上、人材採用面での優位性（知名度）などで大きなメリットがあるが、上場維持コストが高いなどのデメリットもある。ＩＰＯのポイントは、株式上場市場の選定、上場基準と自社の成長性のギャップを把握したうえで、株式上場に向けたビジネスプランの明確化と中期経営計画の策定をすること、現状の内部管理体制などを精査し、上場レベルの社内体制を構築することである。

②ＭＢＯ型資本承継

親族に後継者がいないため、自社の有能な役員陣に会社を譲渡するのが、ＭＢＯ（マネジメント・バイアウト）型資本承継である。経営権を後継経営者など役員陣が保有することで経営が安定する。株式は時価での買い取りとなり、オーナー保有株式の現金化が可能となる。株式の散逸防止や社員の理解を得やすいなどのメリットがある。

また、上場企業が非上場化する際にも、ファンドなどと組んでＭＢＯを実施する。非上場化により、所有と経営を一体化させることで、意思決定のスピードが上がる。上場企業はどうしても、毎期（毎四半期）の利益創出と株主への分配という短期的な業績を求められるが、抜本的に中長期的な視点で経営改革を実行するためにはＭＢＯという手法が有効である。経営改革後、成長軌道に乗り、再上場を果たす企業も多い。

③Ｍ＆Ａ型資本承継

後継者がいないため、社外の第三者に会社を譲渡する手段がＭ＆Ａ型資本承継である。「後継者不在」という事業承継問題の解決手段として、株式の全部または一部を売却、あるいは事業を譲渡する。大企業や上場企業の傘下に入れば、経営や雇用は安定する。

また、オーナー保有株式は時価での買い取りとなるため、オーナーは株式の現金化が可能となる。最近は、米国のユニコーン企業（企業評価額が一〇億ドル以上で設立一〇年以内の非上場スタートアップ企業）がＩＰＯよりもビッグテック（アップル、アルファベット、アマゾン、マイクロソフト、メタなど巨大ＩＴ企業群の総称）の傘下に入ることを目指しているケースも多く、日本でも出口戦略の選択肢の一つとして定着化しつつある。

3 IPOのメリットとポイント

(1) IPO推進で重視すべきポイント

企業がIPOを目指すに当たり、市場からの評価を最大化し、企業価値をバリューアップすることは非常に重要である。この過程で重視すべきポイントは、

- 財務健全性の向上
- ビジネスモデルの明確化
- ガバナンスの強化

――という三つである。

まず、財務健全性の向上は、投資家からの信頼を得るうえで必要不可欠となる。具体的には、適切な財務資本政策を実施し、安定した収益性と成長性を示すことが求められる。財務データの透明性を高め、リスクを適切に管理することで、投資家は企業の将来性をより正確に評価できるようになるため、IR（インベスターリレーションズ：株主・投資家向け広報活動）の手

法も重要である。

次に、ビジネスモデルの明確化もまた、投資家にとって重要な判断基準である。ここでのビジネスモデルには「成長戦略」が含まれている必要がある。企業がどのように収益を上げ、成長していくのかを明確にすることで、投資家はそのビジネスの持続可能性を判断することができる。特に、独自性や競争優位性を持つビジネスモデルは、市場から高い評価を受けやすい。

最後に、ガバナンスの強化は、企業の持続可能な成長を支える基盤である。透明性の高い経営体制を整え、適切な情報開示を行うことで、投資家は企業の経営に対する信頼を深めることができる。また、社内のコンプライアンス体制の強化も、リスクの未然防止に寄与する。

これらのポイントを踏まえ、企業はＩＰＯを成功に導くための戦略を練るべきである。財務健全性の向上、ビジネスモデルの明確化、ガバナンスの強化を通じて、企業価値の最大化を目指すべきだ。これらの取り組みは、市場からの評価を高め、長期的な成長を促進するために、非常に重要である。

(2) ＩＰＯのメリットと株式との関係性

親族内承継で株式を引き継ぐ際には、資金が必要になる。ただ、非上場企業は株式の換金性に乏しいので、相続税などの納付のために別途、資金調達が必要になるケースもある。その点、上場企業であれば、いつでも株式市場を通じて株式の売買が可能となるため、換金性は高まる。また、役員や従業員が株式を取得し、事業を承継する場合は、その株式購入資金は多額になることが多い。そのため、資金調達はより重要な経営課題となる。上場企業であれば、株式の所有と経営が分離しているため、親族以外の役員や従業員が事業承継する場合、必ずしも株式を譲渡する必要がない。

つまり、事業承継対策の観点で見ると、IPOは有効な手段といえる。優秀な後継者候補を外部から招聘することを目的とした場合においても、IPOで自社の知名度や信用力を向上させることは有効だ。

「事業承継を目的としたIPOは非合理的」と考えられがちだが、前述のメリットもあるため、IPOは事業承継手段の選択肢の一つとして考えておくべきである。

非上場企業であれば、株式は同族など特定の者が保有し、その譲渡も制限されるのが一般的である。IPOは、その自社株式を不特定多数の一般投資家に開放し、株式市場で自由に売買できるようにする。

IPOは、企業や経営者、従業員に多くのメリットがある一方、一般投資家に資本参加を求めることになるため、企業はIPOをきっかけにプライベートカンパニー（個人が所有する会社）を脱却し、パブリックカンパニー（不特定多数の株主が所有する会社）に変革していかな

図表5-13 IPOのメリットとIPO後の社会的責任

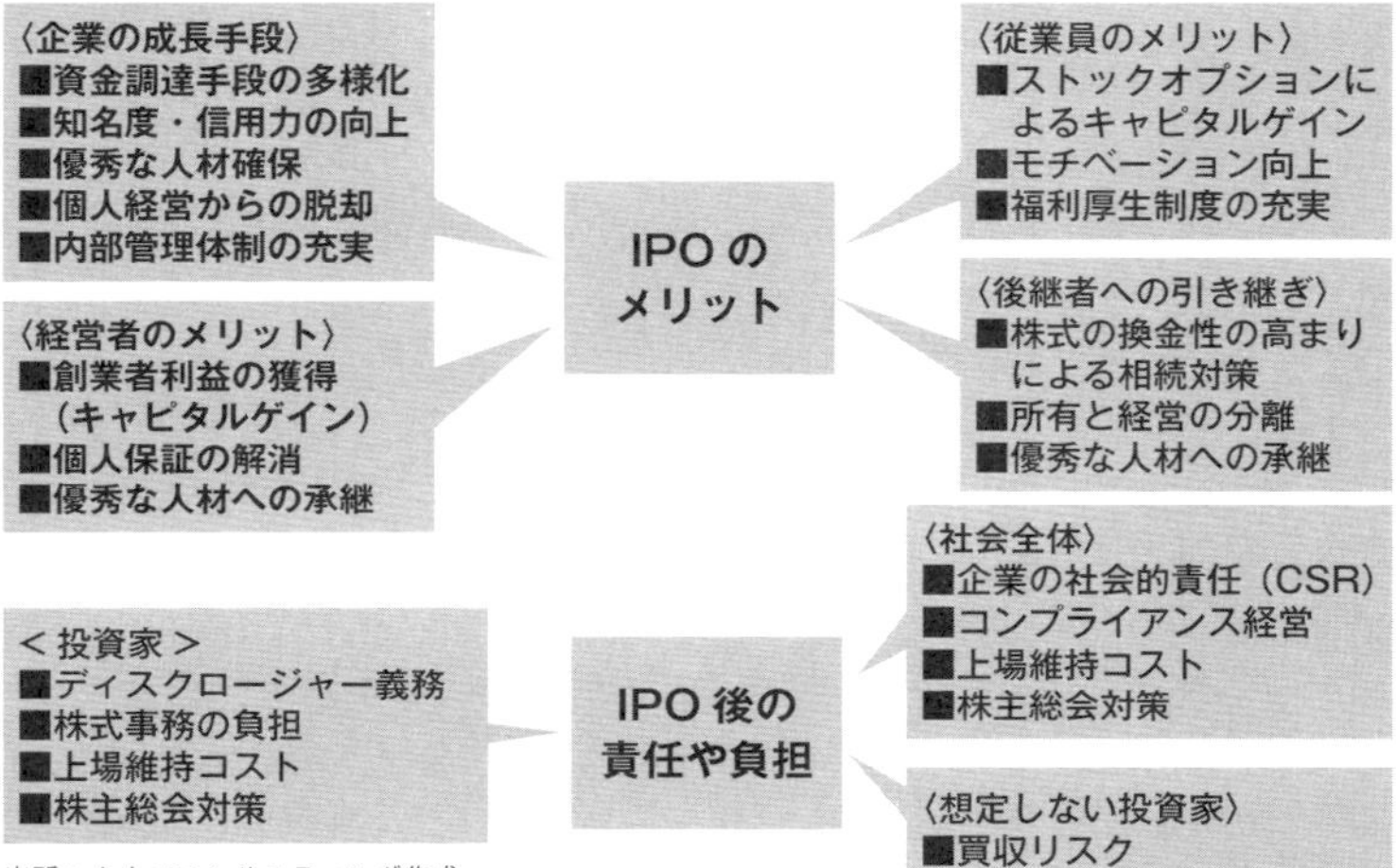

出所：タナベコンサルティング作成

ければならない。それと同時に、社会的責任も問われることとなる【図表5-13】。

日本取引所グループ（JPX）は、二〇二一年六月に上場企業が順守すべき規範「コーポレートガバナンス・コード」を改訂し、「株主の権利・平等性の確保」「株主以外のステークホルダーとの適切な協働」「適切な情報開示と透明性の確保」「取締役会等の責務」「株主との対話」の五つを「基本原則」として定めている。

企業は、財務情報や会社組織・経営体制などの整備情報、成長戦略など、投資家が投資判断を行うためのさまざまな情報を提供しなければならない。また、投資家の判断に影響を与えるほどの経営上の重要な事実が判明した場合には、その時点で速やかに情報を開示

（適時開示）することが求められる。

これらの情報開示に費やす労力や費用は、IPOの準備前とは比べものにならないほど大きい。つまり、プライベートカンパニーからパブリックカンパニーへ変化するためには、企業価値の向上はもちろんのこと、社内体制の整備にも取り組む必要がある。

(3) スケジュールと関係者の役割

IPOまでのスケジュールは会社の規模や管理体制によって異なるが、大きく三つの時期に区切られる。上場の意思決定と、上場準備会社になるための「準備時期」（上場三期前）、「上場準備時期」（上場二期前、一期前）、「上場申請時期」である。

事業承継の手段としてIPOに取り組む場合も、承継のタイミングを見据えて事前に準備する必要がある。また、上場審査に関わる重大事項などがある場合は、より多くの時間を要することも知っておいていただきたい。

IPOは企業の独力で成し遂げられるものではない。IPO全般に関する助言・指導やIPOの審査を行う主幹事証券会社、会計監査を行う監査法人、申請書類などのサポートを行う印刷会社、株式事務を代行する株式事務代行機関など、外部関係者の支援を受けながら管理レベルを向上させることが不可欠である。また、株式上場前の資金の出し手であるベンチャーキャピタルや、コンサルティング会社、弁護士、税理士、社会保険労務士、情報開示の支援を実施するIR会社などの関係者もIPOに関与することを忘れてはならない。

IPOに取り組むに当たり、信頼できる外部パートナー選びは重要であり、担当する専門家の経験や熱意、人柄などを十分に検討したうえで選択することが重要だ。

IPOに取り組むに当たって最も大切なことは、経営者の「覚悟」と「誠実さ」である。「自分の会社はなぜ上場すべきなのか」という必要性の認識と、「必ず実現させる」という強い「覚悟」を持ち、関係者からの指導・指摘に真摯《しんし》に耳を傾ける「誠実さ」が、IPOを実現させるための近道である。

4 MBOのメリットとポイント

前述したように、企業の事業承継において親族に後継者がいないため、自社の有能な経営陣に会社を譲渡するのがMBO型資本承継（以降、MBO）だ。現経営陣が自社の株式を買い取ることで、経営権を取得するというスキームである。メリットとして次の四点が挙げられる。

(1)経営の安定化

有能な社内の経営陣が中心となって経営権を保有するため、経営の安定化につながる。

(2)非上場化(上場企業限定)

市場の株式を買い取ることで、上場企業であれば株式非公開となる。毎期、または毎四半期の利益創出と株主への分配という短期的な業績目標がなくなり、中長期的な視点での経営改革が可能になる。また、経営改革後、成長軌道に乗って再上場を果たす企業も多い。

(3)オーナー保有株式の現金化

オーナーが保有する株式は時価での買い取りとなるため、保有株式を現金化できる。

(4)株式の散逸防止

株式の集約によって経営権が集中することで社内の意思決定が早まる。また、他企業の傘下に入らないという点で、後述する「M&A型資本承継」に比べて従業員の理解を得やすい。

このように、事業承継や経営再建などを目的に、経営陣や従業員が自社株式を買い取って経営権を掌握する手法を「バイアウト（Buyout＝買収）」と呼ぶ。バイアウトには、ＭＢＯのほかに、従業員が自社株式を既存株主から過半数または全数買い取る「ＥＢＯ（エンプロイー・バイアウト）」や、経営陣と従業員が一緒になって自社の株式を買い取り、経営権を掌握する「ＭＥＢＯ（マネジメント・アンド・エンプロイー・バイアウト）」などがある。

また、自社株式の買収を進めるうえでよく採用される資本承継スキームとして、「ＬＢＯ（レバレッジド・バイアウト）」がある。ＬＢＯとは、金融機関などの借入金を活用して自社株式を買収する手法である。経営陣や従業員に自社株式を買収するだけの資金力が不足している場合に用いられ、買収対象企業（事業）の資産価値や収益力を担保としてＭ＆Ａに必要な資金を調達するスキームである。パターンとしては、経営陣や従業員が設立したＳＰＣに金融機関が融資を実行し、ＳＰＣが自社の既存株主から株式をすべて（または過半数）買い取り、その後にＳＰＣと自社が合併する、という流れが一般的である。

ＭＢＯはメリットが多数あるものの、ＬＢＯのスキームで借り入れを行う場合は借入金の返済義務が生じるため、将来的な事業計画を策定したうえで検討する必要がある。

5 事業承継の手段として注目されるM&A

(1) M&Aの四つのフェーズ

MBOとは異なり、社外の第三者に会社を譲渡するのがM&A型資本承継である。株式の全部、または一部を売却、事業を譲渡することで後継者不在という経営課題を解決する。他社の傘下に入ることになるため、仮に大企業のグループに入ることができれば経営や雇用は安定する。また、オーナーが持つ株式は時価での買い取りとなるため、保有株式の現金化が可能となる。

以前のM&Aは「乗っ取り」というネガティブなイメージがあったものの、現在では事業承継の課題を解決する経営手法として再認識されている。

次に、M&Aによる承継スキームを解説する。M&Aのスキームはさまざまであるが、大きく四つのフェーズで構成される。

①フェーズ1：意思決定・準備

通常、M&Aは半年～一年超の期間を必要とするため、必要に応じてファイナンシャル・アドバイザリー（FA）やM&A仲介事業者などの支援機関に相談しつつ、整理すべき事項を洗い出したうえで、最終的には経営者自らが明確に意思決定することが重要である。この段階では、支援機関のサポートの下で買い手企業の選定を行い、自社の企業価値算定などを行う。

②フェーズ2：打診・交渉

売り手・買い手企業のトップ面談は、互いの経営理念や風土、経営者の人間性などを直接確認するための場であり、その後の円滑な交渉のためにも重要な機会である。真摯な態度で臨むとともに、相手企業の本質を見極める必要がある。

特に、交渉の際には希望条件の優先付けを行い、絶対に譲れない点と譲歩可能な点を明確化しておくことが望ましい。

③フェーズ3：クロージング

両社がおおむね取引条件に合意した場合、M&Aのスキームや譲渡対価、役員・社員の処遇など、主要な合意事項を盛り込んだ基本合意を締結する。その後、デューデリジェンス（企業の実態調査）による調査工程を挟んだのち、最終締結や株式などの譲渡、譲渡対価の支払いを経てＭ＆Ａは完了となる。

④フェーズ４：ＰＭＩ（経営統合プロセス）

Ｍ＆Ａが完了したのち、ＰＭＩが行われる。ＰＭＩ（ポスト・マージャー・インテグレーション）とは、Ｍ＆Ａ後に行われる経営の統合プロセスのことである。ＰＭＩの実施例としては、売り手企業側の取引先への報告や業務フローの見直し、金銭消費貸借契約などに関する名義変更・経営者保証解除、人事制度・その他労務関係の統一化、システムの統合などがあり、三カ月～一年程度の時間を要することが多い。ここも支援機関の協力を得ることで円滑に進めることができるプロセスである。

(2) Ｍ＆Ａによる外部承継

Ｍ＆Ａによる外部承継は、後継者不足に悩む企業にとって新たな希望である。買収する側の企業は、新しい市場への進出や既存事業の拡大をスピーディーに行うことができ、買収される側の企業にとっても、経営資源の充実や技術の向上、さらには経営の安定化を期待できる。このように、Ｍ＆Ａによる外部承継は双方にとってメリットが大きい。

しかし、Ｍ＆Ａによる外部承継には慎重な検討が必要である。企業文化の違いや経営方針の不一致が問題となる場合がある。また、社員の不安や反発も考慮しなければならない。成功するためには、両企業間での十分なコミュニケーションが不可欠であり、事前の準備と綿密な計画が求められる。

Ｍ＆Ａによる外部承継を成功させるためには、買収後の統合プロセスにおいて、企業文化の融合や経営戦略の統一を図る必要がある。また、社員への丁寧な説明と対話を通じて、不安を払拭し、組織全体としての一体感を醸成することが重要だ。

結論として、Ｍ＆Ａによる外部承継は、企業に新たな機会をもたらし、経営の持続可能性を高める有効な手段である。しかし、その成功には企業間の深い理解と綿密な準備、そして統合後の努力が不可欠である。適切に実施された場合、Ｍ＆Ａによる外部承継は、多くの企業にとって価値ある選択となるだろう。

ＭＢＯ型資本承継・Ｍ＆Ａ型資本承継の双方とも、後継者不在の中小企業にとって有効なスキームである。しかし、資金調達におけるスキーム検討やＰＭＩなどは、初めて取り組む企業にはハードルが高いため、コンサルタント会社やＦＡ、Ｍ＆Ａ仲介事業者のような専門機関に支援を受けることが望ましい。

第6章

企業の未来を創る出口戦略

1 企業存続の最大の危機は「事業承継」

世間一般では、企業がつぶれる原因は社長が欲に目がくらんでとんでもない間違いをおかすからであって、無理をせずにおとなしくしていれば自ずと存続するはずだと思われているフシがある。また、「優秀な社員と一流の顧客を持つわが社がつぶれるはずはない」と豪語して、戦略と方針を現場任せにして社員の前にほとんど姿を見せない社長もいる。そのため日本では、会社を倒産させた社長がまるで社会の落ちこぼれであるかのような扱いを受けることも珍しくない。

だが実際は、何もしなければ企業はつぶれるのである。気まぐれな顧客、隙をうかがうライバル、浮き沈みの激しい景気、進化が著しいデジタル技術など、経営環境は目まぐるしく変化する。経営に絶対安泰はない。企業を次代へつなぐことがいかに難しいか――この事実にTCGは一九五七年の創業以来、正面から向き合ってきた。「企業はつぶれるようにできている」というのが私たちの経験則である。だからこそ、つぶさせないように社長は新たな〝挑戦投資〟を絶えず繰り出して自ら変化し続け、企業を持続的に成長させていく必要があるのだ。

東京商工リサーチの調べによると、日本には創業一〇〇年超の老舗企業が四万五一八九社

（二〇二四年）あるとされる。現在、日本国内には約三六八万社の企業があるといわれており、「一〇〇年企業（創業一〇〇年超企業）」の割合は一・二パーセントにすぎない。企業の存続がいかに難しいかを物語っている数字である。

企業の存続を脅《おびや》かす最大の危機は、販売不振でも過剰投資でも債務超過でもない。「事業承継」である。柱と梁《はり》、パイプライン、交差点、オリンピックの陸上リレー競技など、たいていの物事は「継ぎ目」からほころびやすいが、企業もそうである。創業者や先代社長の後を継ぐ者が、経営をうまくバトンタッチできなければすべてが崩れてしまう。「事業に成功して五〇点、承継ができて一〇〇点」といわれるように、経営を後進に託すまでが社長としての重要な仕事なのである。

国税庁の「令和四年度会社標本調査結果」によると、日本の全法人数の九八パーセントは同族会社（オーナー企業）である。したがって、事業承継をめぐる問題のほとんどはオーナー企業に関するものと考えていい。オーナー企業は事業承継において二つの立場から検討を迫られることになる。一つ目はオーナー株主個人としての立場であり、二つ目は会社の代表取締役社長としての立場である。

オーナー株主個人の立場としては、節税のための株価抑制もしくは株主利益（創業者利益）確保などの「資本の承継」が主な検討事項となる。一方、会社の社長としての立場であれば企業価値を向上させるために、経営戦略や組織体制（後継者や次世代のボードメンバー）が主な検討事項になる。そして、この両者は一般的にトレードオフの関係になることが多い。節税のための株価抑制を検討するなか、選択肢によっては節税のため企業体質が毀損してしまう恐れもある。反対に、企業価値が高まれば一般的に株価は上がり、オーナー株主個人としては相続税の負担が大きくなる。このトレードオフの関係性のなかで、企業価値を毀損させることなく、承継をさらなる成長のステップにすることが求められる。

承継の選択肢が増えていることに鑑《かんが》みると、「何が最良の選択肢か」「承継の価値判断基準は何か」をあらためて考え、可能性を広げて準備することがオーナー社長の責務といえる。

2 事業承継はなぜ難しいのか

それにしてもなぜ、事業承継は難しいのか。よくいわれる「企業寿命三〇年説」は、実際には会社の生存期間ではなく、「一企業が繁栄を謳歌《おうか》できる期間」を指すとされる。言い換えると、「既存事業のピークを維持できる期間は三〇年」ということである。一方、近年はデジタル化の進展や顧客ニーズの変化が早まり、製品・サービスのライフサイクルが短縮化の一途をたどっている。したがって、一〇〇年企業を目指すためには少なくとも三〇年に一回、すなわち三回以上は事業ポートフォリオを組み換える必要がある。当然、それを実現するためには新たな成長エンジンとなる事業と実行する人材が不可欠となる。

他方、日本の社長の平均在任期間（上場企業）を見ると、非同族企業が四・九三年、同族企業で一〇・五年とされている。※ 中小企業の場合は在任期間三〇年以上という社長も珍しくないが、一〇〇年企業を実現するためには少なくとも一〇人以上の社長でバトンをつなぐことになる。約三〇年ごとの事業ポートフォリオ転換を視野に入れながら、五～一〇年のタイミングで社長交代を行うところに事業承継の難しさがある。

経済産業省の資料によると、CEO（最高経営責任者）の在任期間が一〇年を超える上場企業の割合は、米国が四三パーセントであるのに対して、日本は一五パーセントと相対的に短い【図表6-1】。

また、CEO在任期間が短い日本企業はPBRが低い傾向にあるという。日本の上場企業は社長交代のタイミングが早いため、短期業績を意識して長期投資やリスクを伴う抜本的な改革を控える傾向が見られるとの指摘がある。

「伊藤レポート」（二〇一四年）でも、「社長の在任期間が暗黙の慣行で四～六年と比較的短くなっており、経営成績にかかわらずこの期間は固定化している」と述べ、これが「経営者の中

※参照：後藤俊夫／監修、落合康裕／企画編集、荒尾正和・西村公志編著『ファミリービジネス白書〈二〇二二年版〉』、白桃書房

図表6-1 日米のCEO在任期間の比較

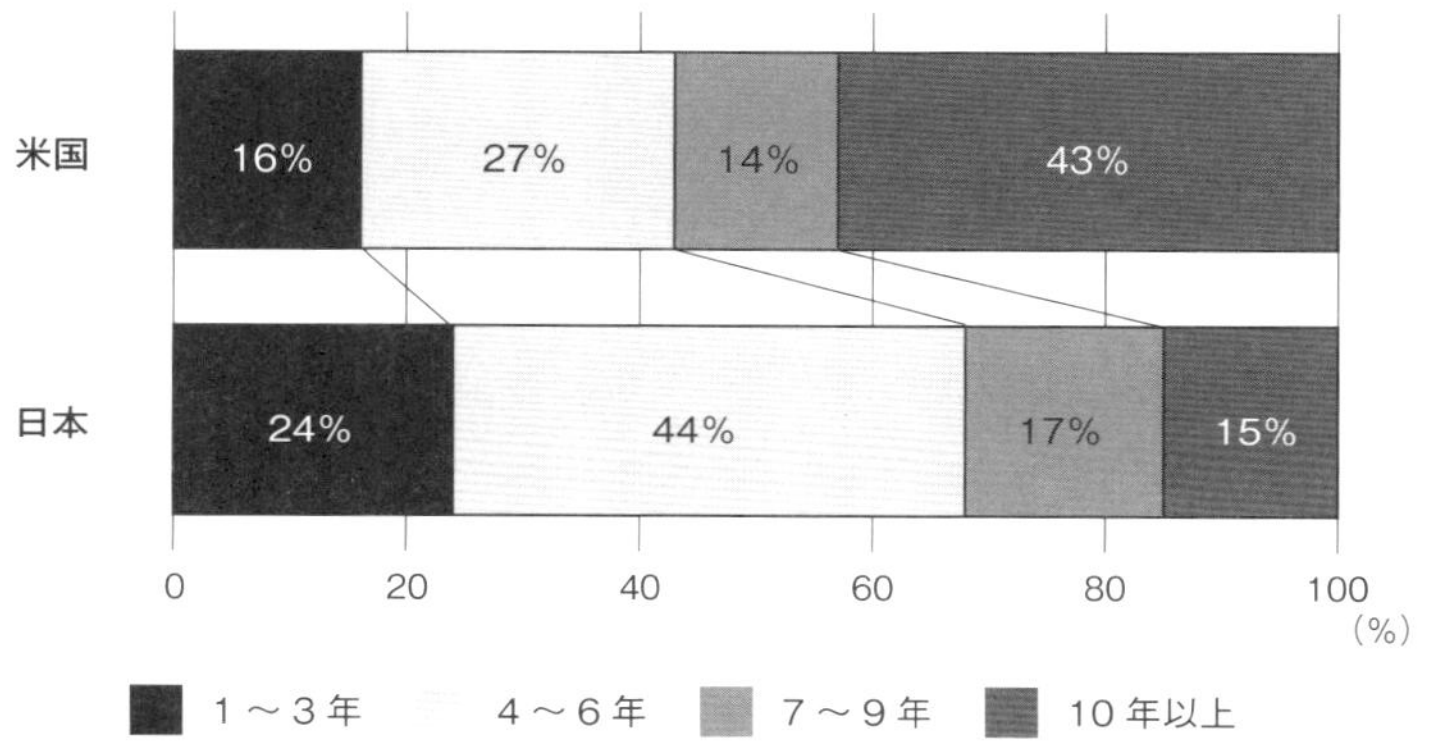

出所：経済産業省／第19回産業構造審議会 経済産業政策新機軸部会（2024年1月17日）資料「価値創造経営の推進に向けて」をもとにタナベコンサルティング作成

長期的な判断や必要なリスクを取った改革をしにくくしている可能性はある」と分析している。一方、経営者の在任期間が長い（八～一二年）企業は高いＲＯＡの水準を示すとのデータもあり、経営者の長期コミットメントが業績や株価パフォーマンスに影響するとの見方がある。

だからといって、在任期間が長ければ長いほどよいということにはならない。過度な長期政権はさまざまな弊害を会社にもたらす。社長自身の老齢による判断能力の低下や過去の成功体験への固執、慢心から生じるガバナンス不全、後継者育成の遅れなどによって組織のパフォーマンスを低下させることがわかっている。経営者が自らの地位に固執して適正な交代を阻害することにより、企業に与えるコストを「エントレンチメントコスト」と呼ぶ。エントレンチメントとは「経営者の保身」という意味がある。

社長の在任期間は短すぎても、長すぎてもいけない。自社の最適なタイミングを計りつつ、同時に後継者を育てる必要がある。また、社長自身の在任期間内のことだけを考えてはいけない。中長期的な未来を見据えながら、目の前の短期の成果も追いかけなければならない。

これこそ、事業承継が企業存続の最大の危機たる所以である。いずれにせよ、事業の寿命が企業の寿命になってはならず、社長の寿命が企業の寿命になってもいけない。そのためにも、未来へ経営をつなぐストーリーの構築が急がれる。

3 ゴーイングコンサーンを体現するために

会社という公器を、価値を高めながら次代へと引き継ぐことこそが、何よりの社会貢献である。そのためには、企業存続のため激しい環境変化へ対応していくことが不可欠である。つまり、変化に合わせて企業自身が変革しなければ生き残ることはできない。そして、企業が自ら変わるチャンスは三つある**【図表6-2】**。

図表6-2　3つの変革のチャンス

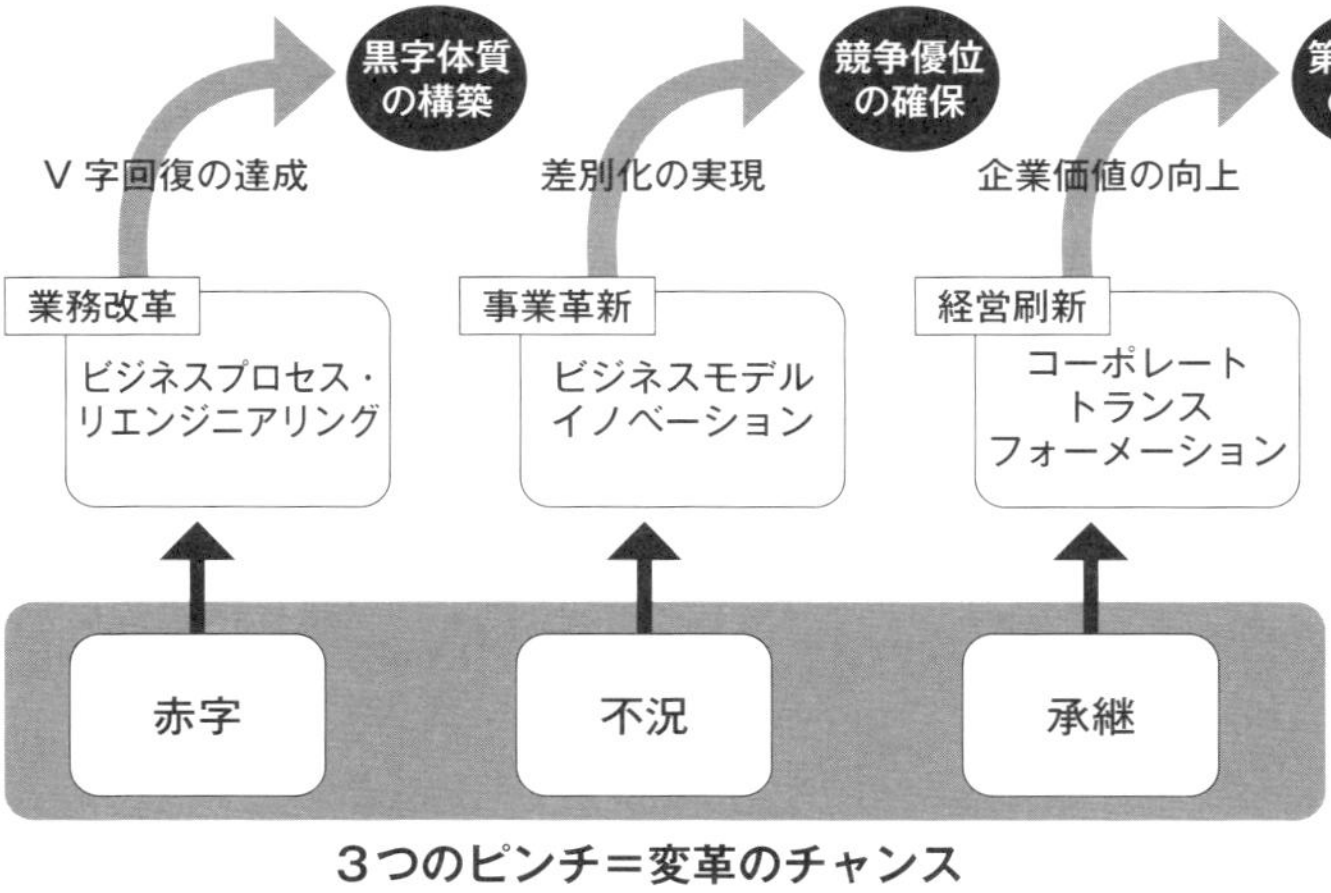

出所：タナベコンサルティング作成

一つ目は「赤字」のとき。利益が出ているうちは思い切った身を削る変革が難しい。現在の取り組みがうまくいっていると多くの社員が認識しているタイミングでは、組織は現状維持を優先させるものである。しかし赤字に陥ると、現状打破に向けて大胆な施策を決断、実行する覚悟が組織全体に生まれ、企業を変革しなければならないと経営者や経営幹部は強く考えるはずである。もし、赤字でも考え方が変わらなければ、将来に待っているのは「倒産」である。

二つ目は「不況」のとき。景気が悪い局面ほど、良くも悪くも社会やマーケットは大きく変化する。それにしっかり対応できた企業が成長していく。モノが売れないときだからこそ新たなアイデアとビジネスチャンスも生まれ、そのチャンスを生かすべく会社を変革することが成果や業績につながり、持続的成長が可能になる。

そして最後の三つ目が「承継」である。企業経営は、トップの意志で決まる。そのトップが次世代に変わる承継こそ変革のタイミングであり、変化するチャンスである。単なる会社の資産の承継だけではなく、いかに成長できる基盤を創りながら経営を次世代へ引き継いでいくかを考えなければならない。

赤字、不況、承継、この三つは経営のピンチであると同時に、成長をつかみ取るための企業変革のタイミングでもある。

経済情勢は時々刻々と動き、経営環境も常に変化していく。何をするにしても過去の成功体験がそのまま通用しにくい時代である。大切なことは、変化と成長をもたらすタイミングを活用して、適切なソリューションを選択することだ。

ＴＣＧでは、会社の未来を創る承継のあらゆるステージにおいて最適なソリューションを、「ＭＩＲＡＩ（ミライ）承継」ブランドとして展開している。資本の承継だけではなく、事業・組織・人材・経営システムなど、経営全体を俯瞰《ふかん》してデザインし、ＴＣＧのコンサルタントが経営者に寄り添って専門的価値を提供している。

これまで企業経営の課題に対してトータルに取り組んできた経験に基づき、培ってきた多面的ノウハウをメソッドとして体系化している。ぜひ、次に紹介する各ソリューションを活用し、企業価値向上と持続的成長の実現に向けて経営を未来へつないでいただきたい。

4 「MIRAI承継」のソリューション

(1) 五つの出口戦略

「ファーストコールカンパニー（一〇〇年先も顧客から一番に選ばれる会社）」を目指すうえで、どのような企業でも、どこかのタイミングで必ず事業承継を経験する。すべての企業の成長過程において、事業承継は良くも悪くもターニングポイントになる。

経営者や筆頭株主（オーナー経営者）の交代が発生したとき、親族内に後継者がいるのかいないのか、社内に後継者がいるのかいないのかにより、親族内承継、内部昇格を検討する。親族にも、社内にも後継者がいなければ、第三者承継としてM&Aを検討する。また、事業環境の変化により業績が悪化し、事業継続が困難となれば、廃業か、倒産か、再建かの判断を迫られる。この場合、M&Aという最後の選択肢が残っており、自社を救済してくれるホワイトナ

図表6-3　MIRAI承継／5つの事業承継スタイル

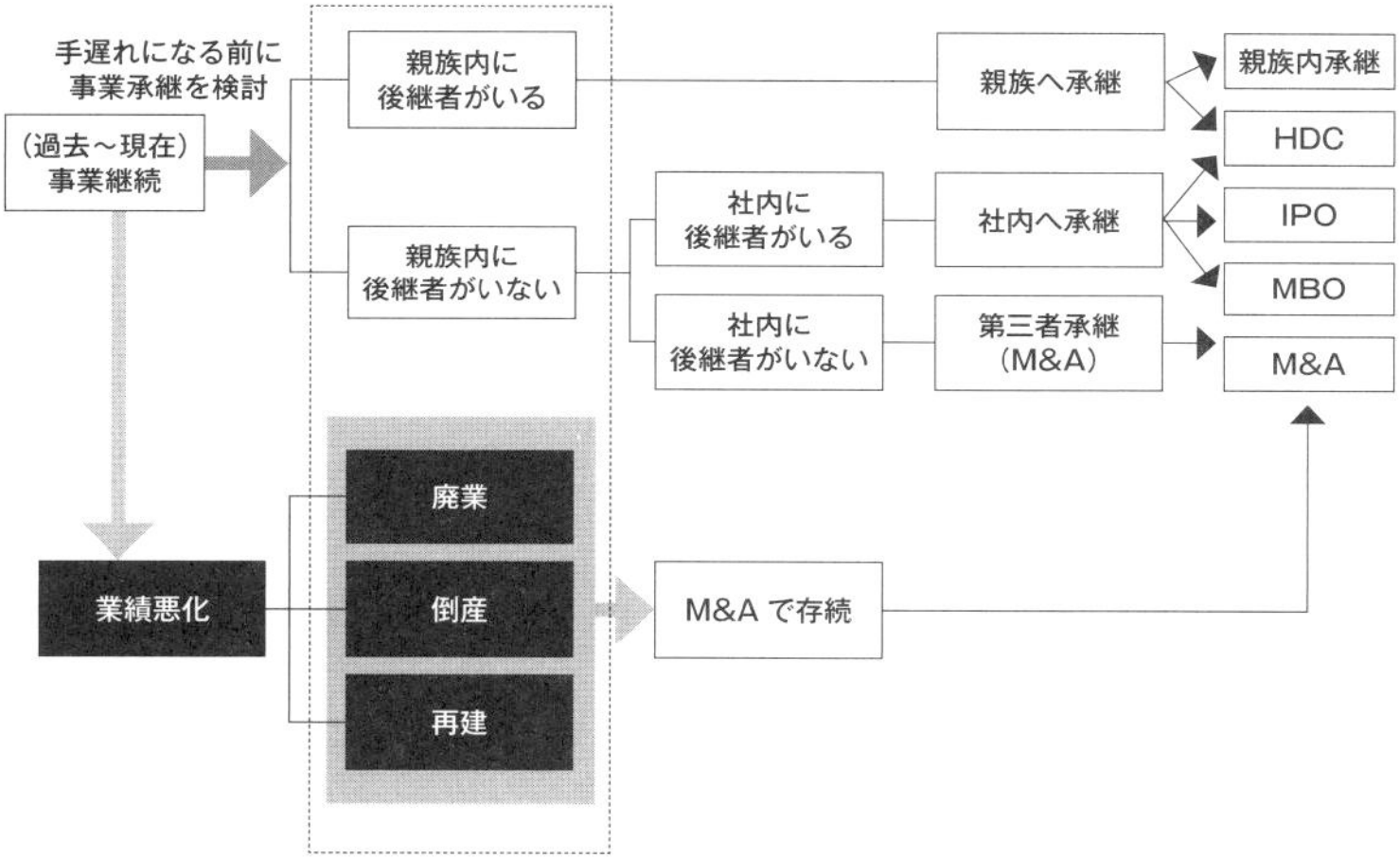

出所：タナベコンサルティング作成

イト（友好的買収者）が得られれば事業の存続が可能である。

持続的な企業価値向上を目指すためには、事業承継のプランニングが必須である。資本面から見て将来の経営をどのように未来へつないでいくかの出口は五つあり**【図表6-3】**、TCGではこれらの出口戦略について一気通貫でサポートしている（「MIRAI承継ソリューション」）。一部は前章でも言及したが、あらためて簡単にご紹介させていただきたい。

①親族内承継

親族内承継は、会社の内外の関係者が心情的に後継者を受け入れやすく、株式承継の選択肢も多い（売買・贈与・相続）ことから、事業承継におけるファーストチョイスとなる手段である。ただ、相続人が複数いる場合は後継者の選択や経営権の集中が困難なほか、心情的に後継者の適格性の判断が甘くなりがちである。したがって、親族内に後継者候補がいる場合は、できるだけ早く後継者を決めることが重要となる。そして、ステークホルダーから信頼を得られるように、時間をかけて育成する。

後継者の育成においては、社内外の仕事を多く経験させると同時に、外部セミナーへ積極的に参加させるなど、経営者としての能力を磨く機会を与えることが大切である。さらに、後継者を中心とした次世代の幹部メンバーの育成と組織体制構築も重要なテーマになる。また、相続に当たっては、後継者に株式（経営権）を集中させることで経営が安定する。しかし、株価が高騰している場合は、ほかの親族に配慮した長期的な株式移転の対策が必要となる。

②HDC

二つ目は、HDC（持ち株会社）である。大株主のオーナー（創業家）がHDCを設立し、グループの資本（財産・債務）を代々継承する一方、経営は優秀な社員に任せることで、「資本と経営」を分離する手法である。昨今は、M&Aの増勢とともに、複数事業を有する企業グループでホールディング経営を採用するケースが増えている。M&Aや企業組織の再編の促進に加え、各事業の意思決定の迅速化や業績責任の明確化が図れるほか、「事業会社の社長」というポジションをつくることで次世代の経営者人材を育てることもできる。また、非上場株式の評価において、グループの成長と株価高騰を切り離すことができるメリットもある。

半面、デメリットとしてはグループ内部の合理化に時間がかかることや、事業会社の数が増えるほどグループとしての一体感が失われやすいことが挙げられる。また、マネジメント層の慢性的な人手不足にも悩まされやすい。事業会社間で部門・部署や機能が重複し、グループ全体で無駄なコストが発生することも多い。グループ全体の経営企画機能やガバナンス・マネジメント機能についてはＨＤＣが引き受け、各社の間接業務を集約するシェアードサービスを手掛ける事業会社を新たに設けるなど、グループ組織のデザインも重要となる。

③ＩＰＯ

三つ目は、ＩＰＯである。マイカンパニー（社長が株式の大部分を所有する会社）から、パブリックカンパニー（上場企業）へ転換し、資本と経営を分離する手法である。上場基準の難易度の高さや、上場維持コストの負担、ディスクロージャー（情報開示）に伴う競争上の不利益といったデメリットはあるが、直接金融による資金調達手段の確保や、証券取引所で株式を売却して創業者利益も得られるほか、上場による社会的信用度のアップとストックオプション（自社株購入権）制度の運用で優秀人材を採用しやすくなり、能力主義で後継者を選ぶことが可能となる。このように、ＩＰＯは非親族承継を実現するうえで有効な手段といえる。

一方、オーナーの持ち株の売り出し比率が高かったり、上場後に業績予測の下方修正を繰り返したりすると、「創業者利益のための上場」と評価され（いわゆる「上場ゴール」）、株価が低迷を続けるケースも少なくない。ＩＰＯのメリットを適正に享受するためには、資本政策を策定する早い段階から外部の専門家のアドバイスを得て、十分な検討を進める必要がある。

④ＭＢＯ

四つ目は、ＭＢＯである。経営者の親族に後継者がいない場合、自社の役員陣へ自社株式を譲渡する手法である。ＩＰＯとは違い、マイカンパニーから「アワー（私たちの）カンパニー」（株式買い取りによる経営権の取得）への転換という意味を持つ。役員陣が経営権（株式）を保有することで経営が安定し、次代に経営をつなぐことができる。事業を熟知している役員・幹部が経営を行う点で、社員から納得を得やすく、取引先やメインバンクなど社外の不安も払拭させるメリットがある。最近では上場企業による非上場化の手段として利用されることが増えてきた。

ただ、親族内承継を続けてきた企業においては創業家が会社の求心力となっており、オーナー社長がトップダウン型のリーダーシップを発揮していることが多い。ＭＢＯで株式と経営権を承継したとはいえ、創業家以外の役員陣がオーナーと同様の役割を果たすことは容易ではないため、全社員が経営に積極的に関与していく全員参画型経営への転換が同時並行で求められる。

自社株式買い取り資金の調達スキームとしては前述したLBOがよく活用される。これは買収対象企業の資産価値や収益力を担保に、金融機関や投資ファンドなどから必要資金を調達して株式を買い取るものである。買収した後は、企業のキャッシュフローで借り入れの返済を賄う必要があるため、将来的な事業計画（返済計画）を策定したうえで検討する必要がある。

⑤M&A

五つ目が、M&Aである。株式（全部または一部）を売却、あるいは事業を譲渡することで企業の存続を目指す。企業の売却をゴールとして見るのではなく、事業を存続させるための手段としてM&Aを活用する。M&Aは「身売り」というネガティブなイメージを持たれることも多いが、社内に後継者のいない企業にとっては社外から適任の後継者を選択できるメリットがある。

また、大企業（安定企業）の傘下に入れば事業も安定するため、経営承継において積極的に活用されている手法である。さらにシナジー（バリューシナジー、コストシナジーなど）が得られる可能性を考慮すると、事業継続だけではなく、大きな成長に向けたターニングポイントとしても活用できる。

「経営権がなくなる」「買収先主導で後継者が決まる」などのデメリットはあるが、自社の持続的成長を実現するための手段として有効な選択肢であることには間違いない。

(2)スケジューリングとプランニング

五つの出口戦略のうちどのパターンを選択するにせよ、資本の承継と組織の承継という両軸を考えることが大切である。

①承継カレンダー

まず、株式承継と組織再編を併せて検討するため「承継カレンダー」を作成することから始める。これは現社長や経営幹部を含めた全社員を縦に、経過年数を横に並べ、誰が何歳にどの役割を担うのかをスケジューリングしたカレンダーである。何年後に誰をどのようなポジションに引き上げていくか、どの役割の人材が社内に不足しているかなどを見える化して、将来の組織を検討する。

企業経営に事業計画書があるように、事業承継にも計画書が必要である。その計画には、資本面、組織面、人材面などにおいて、何をいつまでに実施するかトータルで判断し、スケジューリングしていくことが求められる。

TCGでは、「事業承継は一〇年事業である」と提唱している。承継カレンダーは「三・四・三の原則」に基づいて承継の完了時から一〇年逆算して検討する。承継前の三年は準備期間で、後継者に専務以上の役割を経験させる。次の四年は移行期間で、先代社長（会長）が並走して新社長（後継者）をサポートする。さらに次の三年は自立期間で、会長が代表権を外すというスケジュールである。

もちろん、会社によって時間軸の前後を判断することもあるが、原則としてこのステップを変えてはいけない。また、後継者を支える幹部の育成も同時並行で進める。後継者の年齢から七歳前後のメンバーを中心に組成することが望ましい。

②サクセッションプラン

また、組織の将来のありたい姿（長期ビジョン）を検討し、来るべき承継のタイミングに備えるための設計図をプランニングする必要がある。この設計図が「サクセッションプラン」（後継者育成計画）である。まず、後継者と支える経営幹部をどのように育成するかを体系的に組み立てることが大切だ。

具体的には、将来の経営幹部候補を選抜し、長期ビジョンや中期経営計画を策定するプロジェクトを定期的に開催して、経営感覚を体感させる。また、階層別での教育体系も整備し、教育を実施しながら人材をプールして、後継者候補の人材を選定していく後継体制づくりを会社の仕組みとして構築・実装する必要がある。

特に親族内後継者の性格特性として、共感性・社交性が高い一方、自律性が低く、劣等感が強い傾向にある。創業者や先代社長の経営スタイルをそのまま引き継ぐことは現実的に難しいなか、経営者として帝王学や事業センス、経営センスを身に付けていく必要がある。

TCGはこれまでのコンサルティングを通じて独自開発した事業承継メソッドを持っており、後継者育成プログラムとして「後継経営者スクール」を開催している。ぜひ活用していただきたい。

5 ファイナンス理論における持続的な企業価値向上

ファイナンス理論における企業価値は、企業が将来に生み出すフリーキャッシュフロー（FCF）を割引率（WACC＝加重平均資本コスト）で現在価値に割り引いた金額の合計である【図表6－4】。そのなかでも、継続価値の占める割合が非常に大きい。すなわち、企業価値の

図表6-4　企業価値は「企業が稼ぐキャッシュフローの合計」

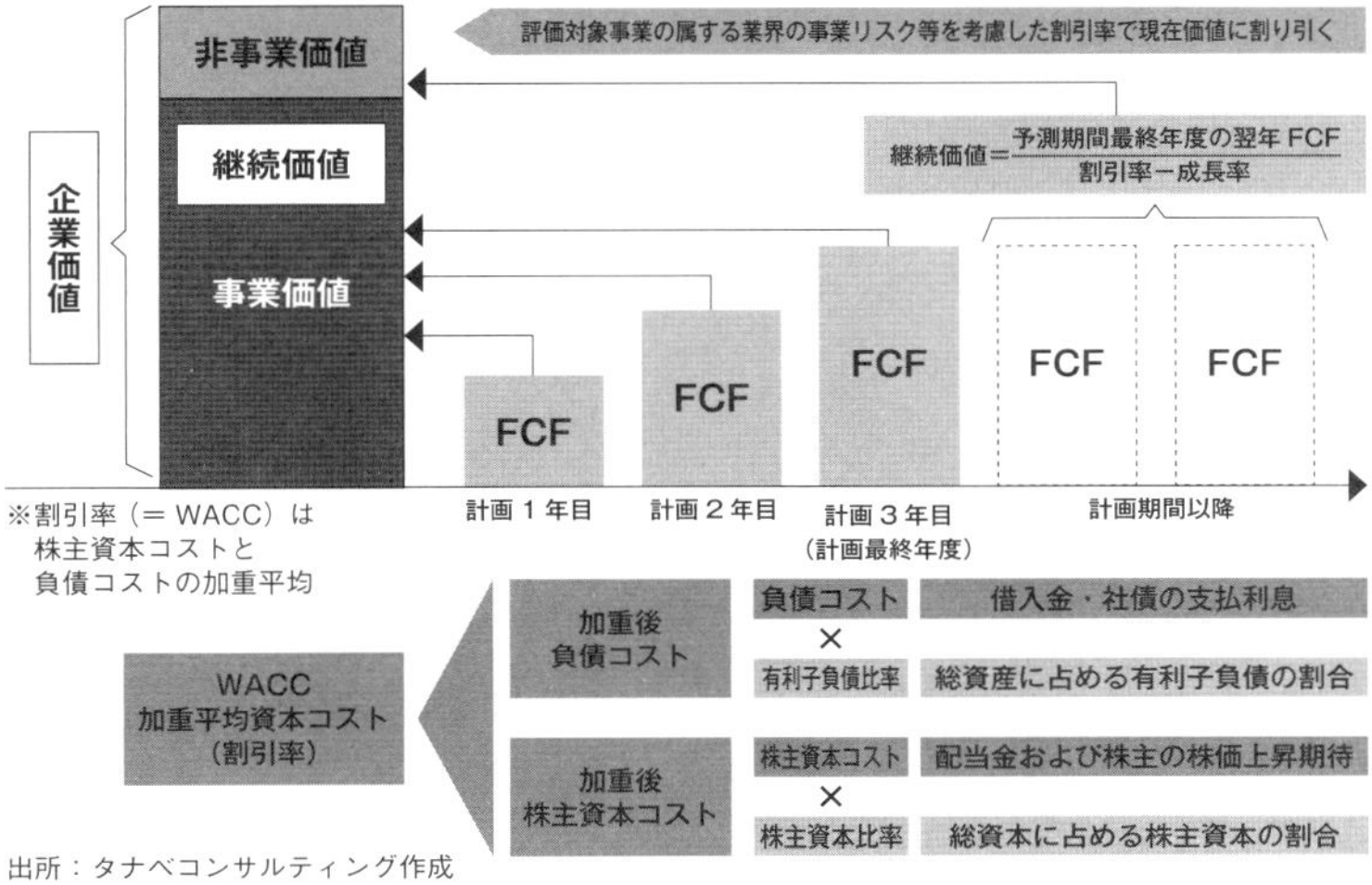

出所：タナベコンサルティング作成

拡大は、短期・中期的なキャッシュフローの拡大と、長期・超長期的なキャッシュフローの拡大という両方が必要であり、そのために、社長や株主が交代しても継続的に事業や組織が成長し、存在し続けることが最優先課題となる。

　企業価値向上に向けては、収益力（稼ぐ力）と成長力（伸びる力）を短期・中期・長期・超長期で強化する必要がある。具体的には、経営理念に基づいた全社および事業・機能戦略の策定、それを推進するための組織戦略の構築、それを実現する人材戦略の確立、これらを支える財務戦略の推進が重要である。これらは、短期・中期的な社長の視点といえる。

　一方、現在の不確実性の高い事業環境においては、長期・超長期的な株主視点での経営

図表6-5 社長視点と株主視点による経営承継

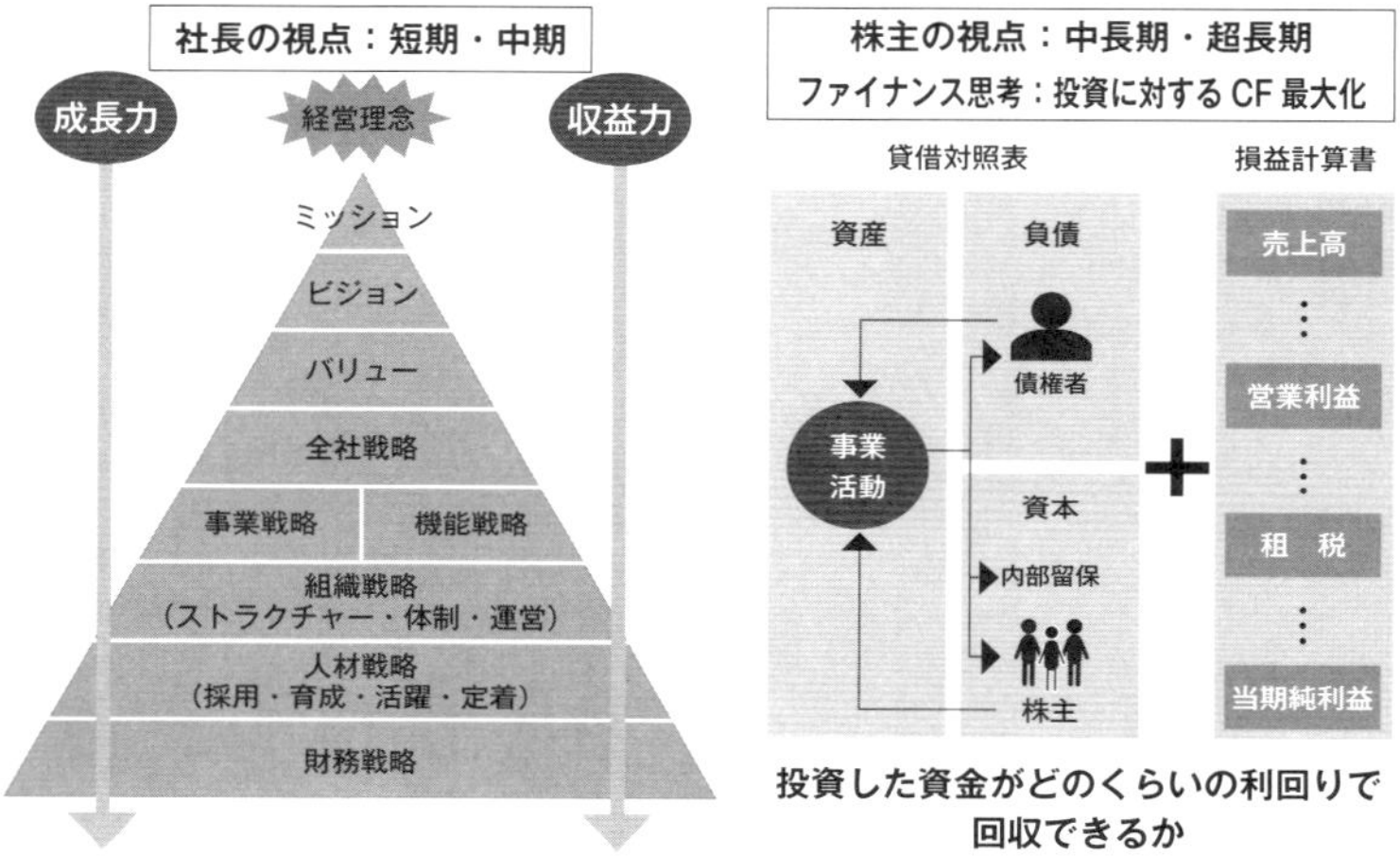

出所：タナベコンサルティング作成

が重要視されている。一〇年、二〇年先に向かってキャッシュフローを最大化するというファイナンス思考による経営である。不確実性に備え、将来のありたい姿からバックキャスト（逆算）し、長期的なリスクと機会を想定しながら経営に反映させる。経営者は自身の任期だけを考えた経営ではなく、次世代への承継を見据えた経営を実践することが強く求められている【図表6-5】。

もちろん、不確実性を前提に経営を続けることは困難を極める。重要なのは、価値判断基準となる経営理念である。資本の承継、経営の承継とともに、経営理念や企業文化の承継、すなわち「志の承継」が企業の持続的成長と企業価値向上につながる【図表6-6】。

同族企業における親族内承継の場合、親族

図表 6-6　事業承継：３つの承継

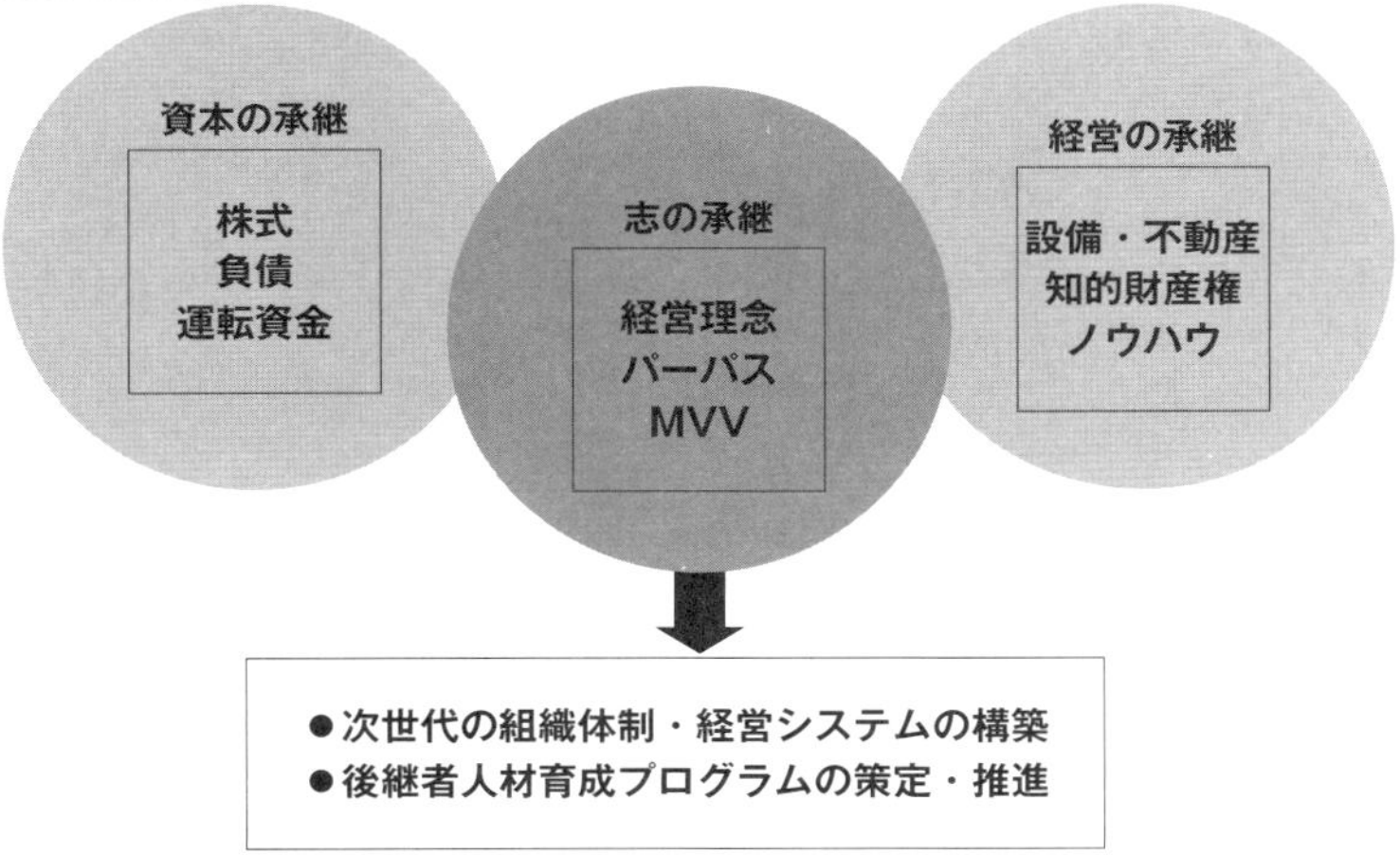

出所：タナベコンサルティング作成

だからこそ承継できる志（家訓、家憲、心得、遺訓、掟など）というものがある。しかし、親族外承継にシフトした企業の場合、そうした創業家やオーナーの志を承継することが難しいケースもある。また、親族内承継においても、親族であるがゆえに本音でぶつかってしまい、後継者に対し経営者としての価値観を共有するプロセスを正しく踏めていないケースも散見される。

事業承継を終えた先代社長から、後継者について判断基準のずれや経営者視点の不足を嘆く声がよく聞かれる。しかし、それは後継者自身が悪いのではなく、先代社長が経営に対する志や判断基準を正しく承継できていないことに起因するケースが多い。

ＴＣＧの事業承継コンサルティングでは、

図表6-7 経営者憲章（例）

1．経営者の使命	2．コンプライアンス順守
⑴経営者の使命 経営者は未来をつくる人である。社風・事業・業績・組織・人材を長期的視点で変化・創造させることが経営者の究極の責任である。役員全員の知恵を結集して成長発展することこそが自社の経営理念を追求することにつながる。 **⑵経営者の行動指針** 経営者としての使命を軸に①コンプライアンス順守、②全社視点、③価値判断基準、④チャレンジ意識、⑤経営者としてのコミュニケーションの５つを意識して行動しなければならない。	**⑴コンプライアンス順守** 当社の役員としての誇りを持ち、常に法令、社内規則・規程および社会的規範を順守し、社会人として良識ある行動をとる。 **⑵公私のけじめ** 公私のけじめをつけ、会社の利益に反する行為は行わない。 **⑶人権の尊重** 従業員の人権を尊重するとともに、人種、国籍、出身地、信条、性別、宗教、身体的特徴、財産などの理由によって不当に差別されることがあってはならない。

出所：タナベコンサルティング作成

「事業承継キャンプ」を実施している。そこでは、志や価値判断基準を引き継ぐことを目的に、判断基準を「憲章」として可視化することが多い。**【図表6-7】**は、あるクライアント企業の社長の経営における考え方・判断基準をヒアリングし、体系的にまとめた憲章を抜粋したものである。

社長の志（価値判断基準）を承継するポイントは、それを可視化するプロセスを後継者に見てもらうことだ。社長が思いを語る場に同席させ、憲章としてまとめていく過程を通じて、判断基準の背景や狙いを理解してもらうことが肝要である。ただし、これを当事者同士だけで行うと感情が入りすぎ、コンフリクト（意見の衝突や対立による緊張状態）が生じることも多いため、第三者としてコンサルタントを活用し、ファシリテートしてもらうことが重要である。

志を承継するためには、自社の現状認識から戦略の方向性をまとめる必要がある。TCGでは、これを「MIRAI承継診断」と呼び展開している。例えば、家事代行サービス業を営むH社の社長は六七歳と高齢で、妻との間に子どもがいなかった。社長から事業承継の相談を受けた私たちは、H社に対してMIRAI承継診断を実施した。そして、それに基づいた数パターンの承継戦略を社長に提示して、メリット・デメリットやリスクについて何度もディスカッションを重ねた。その結果、社長はM&Aを選択し、七〇歳までに会社を譲渡したいとの意向を固めたのである。

社長は会社の譲渡先を探しつつ、経営権を役員に承継するための準備を開始した。約一年が経過した後、大手の上場人材派遣会社がH社を買収することに決まった。社長はファウンダー（創業者）としてH社に残り、専務が新社長に昇格。親会社の人材派遣会社から役員が派遣された。大手企業の傘下に入ったH社の経営はますます安定し、現在は次世代の経営を役員に承継する準備を進めている。

6 ジュニアボードによる経営者・幹部人材育成

TCGでは、「ファーストコールカンパニー（一〇〇年先も一番に選ばれる会社）」という経営コンセプトを提唱している。一〇〇年先も会社を存続させるためには承継の成功がカギとなり、事業・後継者・幹部人材の育成を含む組織・財務の承継ストーリーの設計が欠かせない。しかし、実際には株式の相続ばかりに目を向ける会社が多く、事業承継で非常に重要な次世代人材（後継者・経営幹部）の育成ストーリーを設計している会社は少ない。

なぜ、後継者・幹部人材の育成が承継に必要なのか。自社の事業・組織・財務などの全体像を把握しているのは、経営者のみであることが多いからだ。経営者は「この事業であればどのくらいの人員が必要で、どれだけ売上げを伸ばせるか」を常に考えている。だが、後継者は事業や組織がすでに完成している段階から会社で働いているため、どうしても会社を捉える視点が部分的になりがちである。

社長が急に交代して経営が傾くのはこのためだ。幹部人材が経営者の視点を持って経営を支えていれば、急な交代でも経営が傾くことはないはずだが、現実はそうではない。

図表6-8　階層別の育成計画

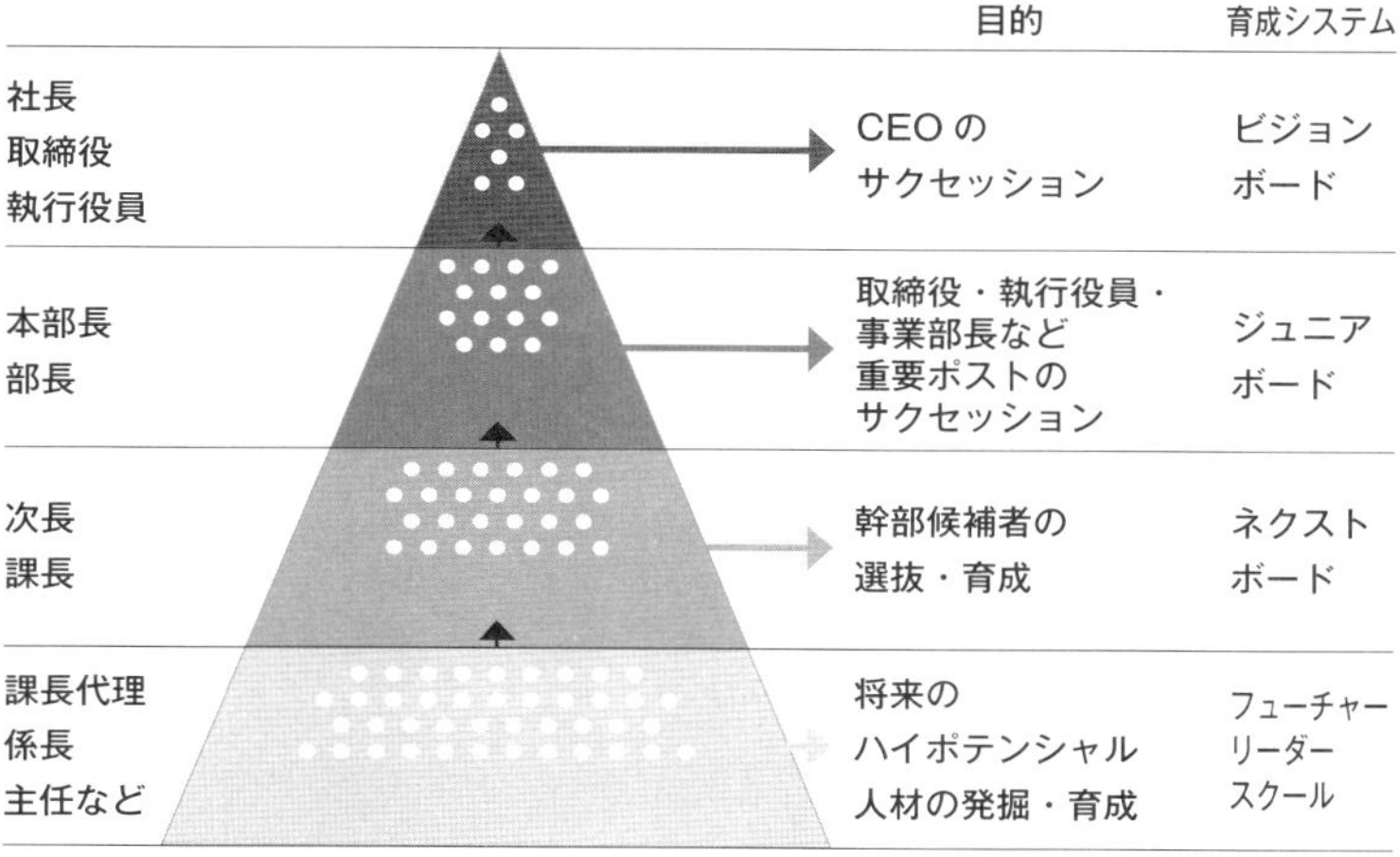

出所：タナベコンサルティング作成

そのため、社長が交代する前から後継者候補、または幹部人材に対する経営者育成が必要になる。社長に就任してから慌てて勉強するのでは遅く、経営者になる前から経営における視座を高める訓練をしなければならない。

経営者を育成する訓練においては、座学だけでなく実践も必要である。自社単独の育成に限界を感じる場合は、外部機関への依頼をお勧めしたい。TCGでは、このような課題を抱えた会社に対して次世代経営者の育成を行っている。

TCGでは、後継者を経営者へ育成する際、後継者本人だけでなく、後継者を支える幹部人材や将来的に後継者になる可能性がある人材など、階層別の育成計画を提案している【図表6-8】。承継を進めるうえで、経営者人材を次から次へと輩出する仕組み（経営システム）の構築が重要であるからだ。

当然ながら、階層ごとに教育内容（育成システム）は異なる。階層別に育成計画を立てることで、不測の事態が起きてもすぐに代わりの人材を充てることができる。また、若手社員のうちから優秀人材を育成する仕組みとしても活用が可能だ。

ＴＣＧのクライアント企業の後継者育成システムを見ると、特に「ジュニアボード」に取り組むケースが増えつつある。

ジュニアボード（青年役員会）とは、若手・中堅社員を〝青年役員〟として任命し、自社のビジョンや経営課題について全社的視点で討議してもらい、生まれたアイデアを経営陣に具申させ、良い提案は会社として取り入れていこうとする仕組みである。ジュニアボードにおいては、後継者をはじめ社員に「経営に参画をさせる」「自社の未来を創る活動に関与させる」仕組みとして運営していくことが重要だ。ジュニアボードはＴＣＧ内でも実施しており、社員の育成と同時にそこから出た意見を経営陣へ提言することにより、企業価値向上に努めている。

例えば、ジュニアボードを将来の役員を育てる場としているＩ社では、中期経営計画の策定など全社横断での取り組みが必要な経営課題について、ＴＣＧがファシリテートをしながら、ボードメンバー全員で分析。今後の戦略をディスカッションしたうえで、数値計画を含めた中期経営計画を策定している。策定した中期経営計画は現経営陣へ上申し、実際の中期経営計画にも反映させている。

中期経営計画の策定だけでなく、さまざまなテーマで毎年ジュニアボードを開催し、経営陣に提言しているクライアント企業もあり、経営者視点で考える訓練をさまざまな形で積んでいる。例えば、J社は一年目にジュニアボードで中期経営計画を策定して役員会へ上申した後、二、三年目に中期経営計画から重点テーマを設定し、全社横断型のプロジェクトチームを組成してその具体化を進めている。TCGのコンサルタントはプロジェクトチームの発足当初からメンバーに寄り添い、そのサポートによって他社の成功・先端事例の研究と自社分析を行い、J社のありたい姿と不足部分を明確にして対策を検討し、実行に移して成果を上げている。このようにJ社は、ジュニアボードシステムを活用し、経営に参画する社員を増やすことで後継者の候補人材の底上げを図っている。

未来は予測するためにあるのではなく、創るためにある。後継者には、自社の未来を描く力が必要である。次世代の経営チームでビジョンを描き、それを推進することが未来を創ることにつながるのである。

ジュニアボードを実施する際は、「議論や提言をまとめるリーダーを誰にするか」が重要である。例えば、オーナー経営の会社でジュニアボードを実施する際は、リーダーを後継者（社長の子息など）にし、その人がリーダーとして成果を上げることで社内での求心力を向上させる場としても活用する。

また、後継者の将来の右腕・左腕となる人材は誰かを見極める場としても活用するケースもある。ジュニアボードを通して、普段の業務ではなかなか見ることができない個人のものの見方や考え方が見えるようになり、「信頼に足る人物であるか」「会社の将来に不可欠な人材であるか」を見極めることができる。

ジュニアボードを通じた次世代経営者の育成によって、自社の将来を見据えた「組織の承継」につなげていただきたい。

次世代経営者育成の取り組みは、現経営者が第一線で活躍している間に行わなければならない。ジュニアボードのように、社内での次世代経営者育成の取り組みを進めながら、経営者が持っている経営ノウハウや大事にしていることを、後継者をはじめ次世代のメンバーへと伝承することで組織の承継が完成する。

TCGでは「会社の承継には最低でも一〇年かかる」と提言しているが、その理由はこの組織の承継にある。次世代経営者および幹部人材を育成する仕組みを社内で定着させるには長い期間を要する。一年、二年では定着しないのだ。

おわりに

企業が進むコースは、基本的に四つしかない。存続コース、倒産コース、廃業コース、売却コースである。言い換えれば、「事業を続けるか」「競争に敗れるか」「経営をあきらめるか」「会社を譲るか」のどれかである。残念ながら、これ以外の選択肢はない。最近では、事業の高値売却という出口戦略からスタートアップを起業するアントレプレナー（起業家）も増えているが、多くの経営者が選択するのは存続コースである。

そうしたなかにあって、私たちTCGは「一〇〇年先も一番に選ばれ続ける会社」、〝ファーストコールカンパニー（FCC）〟を一社でも多く増やしていくという使命感の下、経営コンサルティング事業を国内外で展開しているところである。

「企業は社会の公器」（松下幸之助）といわれるように、企業は経営者や社員、株主の儲けのためだけに存在する組織なのではなく、人々が求める役割や機能を担い、社会貢献するための機関なのである。社会の負託に応えるためにも、企業は経営理念の実現に向け未来へ経営をつないでいくことが求められる。

その観点でいえば、売却コースを選択して自社の経営を第三者に委ね、次の世代に残していくことも一つの選択肢になる。結果的には、社員の雇用と顧客の便益を守ることとなり、事業の売却自体が地域経済を支えるという社会の貢献にもつながる。

株主への配当は自社が利益を獲得するための費用であり、企業が得る利益は事業を継続するための費用となる。その意味では、企業経営の本質は「自社という社会の公器を未来へつなぐための取り組み」と捉えることができるかもしれない。

では、自社をどのように次代へ残していくか。注意しなければいけないのは、事業の継続が会社の目的に置き換わってしまうことだ。事業を続けることが目的化してしまうと、皮肉なことだが逆に会社の存続が危うくなる。なぜなら、事業の継続は経営理念を実現するための手段だからである。「手段の目的化」は、必ず判断と行動を誤らせる。事業の継続が目的化すると、得てして経営者はリスク回避を思考するため、現状維持の戦略に落ち着きやすい。

一方、企業の存続基盤である社会は絶えず変化しており、人々も常に改善と成長を求めている。デジタル化が進むなかでアナログツールを使い続けると社会から取り残される。一〇年前から機能や品質が代わり映えしない〝新商品〟を欲しがる消費者はいない。望むと望まざるとにかかわらず、社会や人々が企業に進化と成長を求める以上、「現状維持は後退するばかりである」(ウォルト・ディズニー)のは確かであろう。

したがって、企業という公器が持つ価値を高めながら、次代へと経営を引き継いでいくことが何よりの社会貢献になる。単なる財務資本の承継だけではなく、非財務資本、すなわち自然資本（鉱物・水・空気・土壌・森林・生物・太陽光などの天然資源）、人的資本（従業員の能力・経験・意欲）、知的資本（ノウハウ・ナレッジ・知的財産権・ソフトウエア）、製造資本（工場・機械設備・インフラ施設・サプライチェーン）、社会・関係資本（地域コミュニティー・業界ネットワーク・人脈）の価値を高めながら、いかに後継者や次世代へ引き継いでいくかを考えなければならない。

そのためにも、環境の変化に合わせて社長自身が変革しなければいけない。そうでなければ、生き残ることはできない。企業経営はトップの意志で決まる。トップの意志が変わったときこそ、企業変革のタイミングである。そしてトップの意志が変わるチャンスは、第6章で述べたように赤字・不況・承継の三つがある。このうち赤字と不況は「変わらざるを得ない」という追い込まれた形での変化だが、承継においては「生まれ変わりたい」という前向きな変化であり、最も変革の効果が期待できる。

本書は、コーポレートファイナンスを切り口に、事業承継というフェーズを利用して企業価値向上と持続的成長に取り組むことで、一〇〇年後のＦＣＣへ挑んでほしいという思いから執筆したものである。企業の未来を創るためには、企業に変化と成長を促す新しい経営ソリューションが不可欠である。

本書でも述べている通り、TCGではあらゆる承継ステージにおける経営ソリューションとして「MIRAI承継」を展開しており、資本の承継だけではなく、事業・組織・人材・経営システムなど、経営全体を俯瞰してデザインし、専門コンサルタントが経営者に寄り添ってさまざまなノウハウをメソッドとして提供している。本書を機に、コーポレートファイナンスへの理解とともに、MIRAI承継への関心を深めていただければ幸いである。

最後になりましたが、本書の出版にご尽力をいただきましたダイヤモンド社前田早章編集長、花岡則夫前編集長、松井道直氏、編集にご協力をいただきましたクロスロード安藤柾樹氏、装丁をご担当いただいた斉藤よしのぶ氏に、この場をお借りしまして厚く御礼を申し上げます。

また、出版の機会を与えていただきましたタナベコンサルティンググループ若松孝彦社長、長尾吉邦副社長をはじめ、本書の執筆に当たり多大な協力をいただいたコーポレートファイナンスコンサルティング事業部のコンサルタント諸氏に深く感謝を申し上げます。

福元章士

［著者］

タナベコンサルティンググループ
タナベコンサルティング／上席執行役員
コーポレートファイナンスコンサルティング事業部 事業部長
福元 章士（ふくもと・しょうじ）

収益・財務戦略構築を専門分野として、建設、住宅、製造、小売業など幅広い業界でコンサルティングを実施。企業再生、組織再編、事業承継などのターンアラウンド支援も数多く手掛けてきた。「1社でも多く企業の成長を誠心誠意サポートする」をモットーに、さまざまな経営課題を解決に導く経営者のパートナーとして高い信頼を得ている。

［監修］

戦略総合研究所

タナベコンサルティンググループにおける「チームコンサルティング」のナレッジ集約、メソッド開発、調査・マーケティング、およびテクノロジーを活用したDXサービスの研究開発等を行う。国内の大企業、中堅企業を中心に、各種レビュー・コンテンツをメディア発信している。

タナベコンサルティンググループ（TCG）

「日本の経営コンサルティングのパイオニア」と呼ばれる経営コンサルティングファーム。全国に約600名のプロフェッショナル人材を擁し、大企業・中堅企業の戦略策定からマネジメント実装まで一気通貫で支援する経営コンサルティングのバリューチェーンを構築。グループで支援した企業は約1万7000社。「ストラテジー」「DX」「HR」「M&Aファイナンス」「ブランディング」等でチームコンサルティングを提供している。

コーポレートファイナンス戦略 ――中堅企業が実装すべき財務戦略

2024年11月5日　第1刷発行

著者――福元章士
監修――戦略総合研究所
発行所――ダイヤモンド社
〒150-8409　東京都渋谷区神宮前6-12-17
https://www.diamond.co.jp/
電話／03･5778･7235（編集）　03･5778･7240（販売）
装丁――斉藤よしのぶ
編集協力――安藤柾樹（クロスロード）
製作進行――ダイヤモンド・グラフィック社
DTP――伏田光宏（F's factory）
印刷――加藤文明社
製本――ブックアート
編集担当――松井道直

ISBN 978-4-478-12061-3